中等职业教育"十四五"规划教材
职业教育课程改革规划创新教材

出纳实务

主编　卓茂荣　张惠琴

中国石化出版社
HTTP://WWW.SINOPEC-PRESS.COM
中国经济出版社
CHINA ECONOMIC PUBLISHING HOUSE

内 容 提 要

本书从企业出纳工作岗位的实际需求出发，分项目介绍出纳概述、涉及出纳业务的原始凭证、现金收付业务、银行存款收付业务、常用的国际结算方式、现金与银行存款的清查、出纳工作的交接、出纳档案的保管等。本书专注于出纳专业技能在出纳工作中的运用，将出纳岗位需要掌握理解的财经法规制度与出纳实务操作有机结合起来，理实一体，相得益彰。

本书适合高职院校财经类专业学生及财务人员使用。

图书在版编目(CIP)数据

出纳实务／卓茂荣，张惠琴主编．—北京：中国石化出版社，2021.1(2024.8 重印)
ISBN 978-7-5114-6145-2

Ⅰ.①出… Ⅱ.①卓… ②张… Ⅲ.①出纳-会计实务-教材 Ⅳ.①F231.7

中国版本图书馆 CIP 数据核字（2021）第 029222 号

中国石化出版社出版发行
地址：北京市东城区安定门外大街 58 号
邮编：100011 电话：(010)57512500
发行部电话：(010)57512575
http://www.sinopec-press.com
E-mail：press@sinopec.com
北京科信印刷有限公司印刷
全国各地新华书店经销
*
710×1000 毫米 16 开本 9.25 印张 164 千字
2021 年 2 月第 1 版 2024 年 8 月第 3 次印刷
定价：37.00 元

前　言 PREFACE

《出纳实务》教材以《企业会计准则》《会计基础工作规范》《现金管理暂行条例》《支付结算办法》等法规规章为指导，结合新时代会计专业的课程标准编制而成。本教材以企业实际发生的出纳业务为载体，全面系统阐述了出纳人员处理出纳业务的理论依据和工作方法，完整展示了企业各类出纳业务的工作流程及操作步骤。

本教材特色鲜明，亮点纷呈。

首先，业务高度仿真、内容图文并茂。本教材所呈现的每一项出纳业务，均为出纳工作岗位实际发生的业务，高度仿真。本教材所提供的业务处理流程以及具体的操作步骤科学规范，方便学习者模仿操作。本教材提供119幅图表，包含了大量的原始凭证、业务流程图、记账凭证和实物图片，有利于加强读者的阅读体验，快速掌握教材内容。

其次，教材结构、编写体例能满足教学改革的需要。

本教材分项目进行编写，每一项目又分成若干个小项目，本教材能够完全满足项目教学法的需要。本教材理论部分文字简洁又阐述到位，易于理解；业务部分，完成各项业务的步骤非常明确，流程清楚，易于模仿操作。本教材方便教师做中教，也方便学生做中学，充分体现了教学做一体化的现代职业教育特征。

第三，思想政治教育元素与专业知识、岗位技能有机融合。

本教材每一教学项目均含有课程思政目标，将思想政治教育元素与出纳专业知识、出纳的岗位技能有机融合起来。根据出纳专业特点，结合每一个知识点、每一项岗位技能对学生进行敬业、诚信、法治等社会主义核心价值观的教育，培养学生的责任意识、服务意识和担当精神、奉献精神。

本教材由卓茂荣、张惠琴主编。本教材项目一至项目六由卓茂荣编写；项目七至项目九由张惠琴老师编写。全书由卓茂荣修改、总纂。本教材在编写过程中，参考了由卓茂荣、张惠琴主编的教材《会计基础》和《企业财务会计》。

本教材的编写及修订得到了福建省晋江职业中专学校会计专业建设指导委员会、福建晋江金井民生银行营业部的大力支持，在此表示深深的谢意。

编者

目　录 CONTENTS

项目一 出纳概述

学习目标

1. 理解出纳、出纳员的含义，熟悉出纳机构设置与出纳人员配备的原理。
2. 了解出纳的特点，熟悉出纳工作的内容、原则及工作要标。
3. 掌握出纳工作必备的专业技能，熟悉出纳账务处理程序。
4. 领会出纳工作与国家财经法规的关系，坚持依法办理出纳业务。

子项目1 出纳工作的意义

出纳是严格按照国家有关规定和制度，办理本单位的现金收付、银行结算及有关账务，保管库存现金、有价证券、财务印章及有关票据等工作的总称。

从事出纳工作的人员称为出纳员。

一、出纳机构的设置和出纳人员的配备

单位一般在会计机构内部，如会计科或财务处设置出纳组或出纳工作室，专门处理出纳业务。对规模小，业务少，人手不足的单位，也可以只指定一名专职或兼职出纳人员，但也应为其设立专门的工作场所。

出纳岗位是会计工作的窗口岗位。规模较大、出纳工作量大的单位，可以一岗多人，设置多名出纳。如分设管理收付的出纳和管理账簿的出纳；或分设现金出纳和银行结算出纳等。

规模不大、出纳工作量不大的单位，可以一人一岗；

规模较小、出纳业务简单的单位可以设兼职出纳，一人多岗。

需要特别提醒的是，无论是其他岗位工作人员兼任出纳，还是出纳兼任其他岗位的工作，都必须符合内部牵制原则。总之，出纳人员不得登记收入费用、债权债务的账目，不可以兼管会计稽核、会计档案。

二、出纳的特点

出纳工作是会计工作的重要组成部分，具有一般会计工作的本质属性。但出纳岗位又是有别于其他会计工作岗位的一个专门岗位，出纳工作特点鲜明，主要表现为：

1. 专业性

出纳具有极强的专业性，要做好出纳工作，必须熟悉会计基础知识，掌握点钞(含辨别真假钞)、书法、翻打传票、小键盘数字输入、登记出纳账等多项专业技能，并能够熟练运用点钞机、验钞机、支票打印机等出纳专用机具。

要成为一名合格的出纳员，必须不断学习，不断实践，不断反思，累积经验。

2. 法制性

出纳工作的每一环节都必须依法进行。出纳工作要遵守的法律法规主要有《中华人民共和国会计法》《会计基础工作规范》《现金管理暂行条例》《现金管理暂行条例实施细则》《支付结算办法》《正确填写票据和结算凭证的基本规定》《会计档案管理办法》《中华人民共和国税收征收管理法》等。

每一位出纳员都必须认真学习政策法规，遵守财经纪律，依法办理出纳业务。

3. 社会性

出纳工作不仅事关本单位，还和整个社会的经济运转紧密联系。出纳员需要与企业往来客户、银行、财税部门等打交道，需要及时掌握国家最新的财税政策法规，了解国家经济发展态势和经济政策走向。

4. 及时性

出纳工作有严格的时间要求，多数业务一天都不能延误，少量业务的处理时限略为放宽，但一般都要求在当月处理完毕，基本不允许出现跨年的情形。

三、出纳工作的意义

出纳业务属于会计循环中的起始业务，出纳工作的质量是决定企业会计工作质量的重要基础，出纳工作对企业经济管理也有重大的意义，主要表现在以下几个方面。

1. 掌握企业现金流量及现金结存状况

出纳工作详细反映了企业的库存现金、银行存款等货币资金的流出、流入和结存状况，对于企业加强货币资金管理、确保各项经济业务的顺利进行、保护货币资金安全、提高货币资金的使用效益具有重要意义。

2. 利用出纳工作实施会计监督，保证单位财产物资特别是现金的安全完整

出纳工作的法制性赋予出纳进行会计监督的权限，出纳要认真稽核每一笔涉及货币资金的经济业务，为其真实性和合法性把关，拒绝办理一切违法违规的现金收付，严格执行国家财经法规和企业财务制度，确保单位财产物资特别是货币资金的安全。

出纳对其直接管理的货币、有价证券、票据、印章以及相关的重要核算资料，也应依法管理，确保其实物安全。

3. 为企业提高会计工作质量，加强财务管理提供重要基础

出纳是把会计核算与财务管理有机结合在一起的重要岗位，出纳为会计工作提供了基础且重要的核算资料，直接影响整个会计工作的质量。出纳对货币资金业务的监督，属于财务管理的重要组成部分，同样决定了企业整个财务管理工作的质量。

【业务 1-1】

小张职业学校毕业后，到一家公司应聘会计工作，应聘成功，但该公司的会计机构负责人却安排小张到出纳岗位工作，上岗前进行培训，主管让小张首先谈谈出纳工作的意义。

业务处理

小张经过职校的系统学习，已经从理论上掌握了出纳工作的特点和意义，会计机构负责人很满意。但会计机构负责人也告诉小张，只有将理论与实践有机融合，在出纳工作实践中不断累积经验，并积极思考，才能真正深刻理解出纳工作的特点和意义。

子项目 2 出纳工作的内容、要求及原则

出纳的工作内容基本上是围绕着货币资金展开，熟悉出纳工作的全部内容，

掌握出纳工作的各项要求，坚持出纳工作基本原则，是做好出纳工作的重要前提和关键。

一、出纳工作的内容及要求

根据财政部《会计基础工作规范》的规定，出纳岗位的主要工作包括：

1. 办理现金收付和银行（含网上银行）结算业务，填制和审核有关原始凭证

要求：出纳必须严格执行国家有关库存现金、银行存款等货币资金管理的各项规定，严格遵守库存现金开支范围，依法使用银行结算账户办理结算业务。保证每一笔涉及收付业务的原始凭证手续完备齐全，做到收款有合法的依据，付款有规范的授权，避免错收错付。

2. 登记出纳账，进行账证、账账、账实的核对工作

要求：按经济业务发生的先后，根据审核无误的收付款凭证逐日逐笔登记库存现金日记账和银行存款日记账，并结出当日余额。

每日终了，应将库存现金日记账余额与库存现金实际结存数核对相符，如果账实不符，应立即报告会计机构负责人，及时处理。

出纳应随时掌握银行存款日记账的账面余额，并定期与银行对账单核对相符，如果不符应查明原因，若是未达账项造成的不符，应编制“银行存款余额调节表”进行调节。

3. 保管库存现金和各种有价证券

要求：出纳应确保库存现金账款相符，有价证券账票相符。出纳不得坐支现金，库存现金当日结存数不得超过限额，送存或提取库存现金时应有保安措施。保管库存现金和有价证券的保险箱应由专人负责，对保密密码、保险箱钥匙，应按规定由专人严格管理，并实行内部牵制。

4. 保管有关印章、空白支票和空白收据

要求：设立支票、收据领用簿，严格支票的审批、领用、注销手续。空白支票和印鉴应由不同的人分别保管，避免出现由同一人同时保管支票和印鉴的情况。

二、出纳工作的原则

出纳工作的对象（主要是货币资金）和出纳工作的特点（特别是法制性和社会性）决定了出纳工作不得随意，必须坚持原则。

1. 钱账分管的原则

所谓“钱账分管”就是管钱的不管账，管账的不管钱。非出纳人员不得经营货币资金的收、付业务和库存现金的保管业务；出纳人员不得兼管会计稽核、会计档案，不得登记收入费用、债权债务账目。如图 1-1 所示。

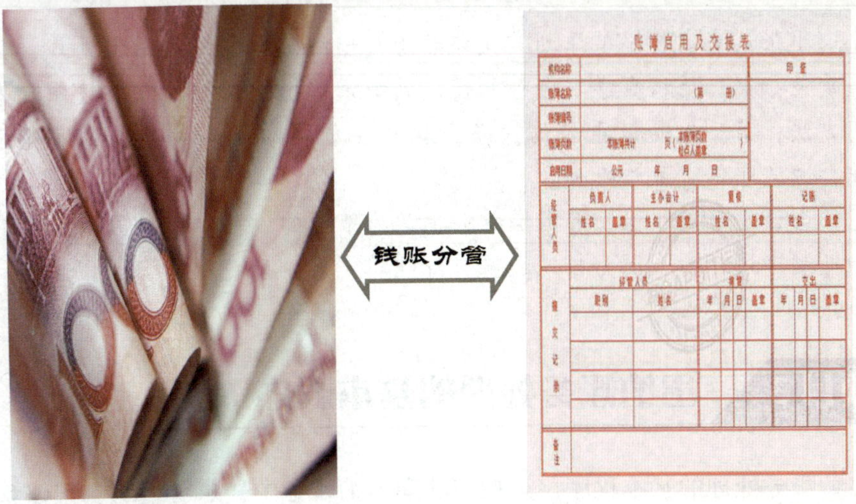

图 1-1

2. 内部牵制的原则

现金收支的授权、经办（出纳）、会计应当由不同的人员当任，单位会计机构负责人、会计主管人员的直系亲属不得在本单位会计机构中担任出纳工作。

应当建立出纳人员定期换岗制度。

应当建立完善出纳工作的稽核制度，明确稽核责任。从事出纳稽核的工作人员也应当定期换岗。

3. 外部监督的原则

主要是企业会计主管人员对出纳工作的监督，企业会计应对出纳工作进行定期或不定期的检查，以确保出纳工作依法依规进行。

此外，外部监督还包括企业审计部门、企业纪检部门对企业出纳工作的监督。

4. 双重责任制的原则

出纳人员违法犯罪的应当追究刑事责任，如果违法犯罪造成企业财产损失的还应承担相应的经济赔偿责任；出纳人员因责任心不强，工作疏忽导致所保管的库存现金、有价证券缺失、被盗的，即使构不成犯罪，不必追究刑事责任，但也要承担相应的经济赔偿责任。

【业务 1-2】

小张岗前培训的第二项任务，就是向会计机构负责人谈谈他要如何在出纳实践中坚持出纳工作的原则。

业务处理

小张认为：要坚持原则首先要熟悉与出纳工作相关的财经法规、财经政策；第二要认真学习会计知识，熟练掌握出纳工作的专业技能和专门方法；第三也是最重要的一条，就是要加强学习会计人员的职业道德，诚实守信，廉洁奉公。

会计主管对小张回答很满意，也认为廉洁的人更会坚持原则，更敢于抵制违法行为，因为打铁还要自身硬。

子项目 3 出纳账务处理的基本程序

出纳账务处理的基本程序，是指在处理出纳账务中，账簿组织、记账程序和出纳报表的有机结合形式。

账簿组织包括设置凭证及其种类和格式、设置账簿及其种类和格式。涉及出纳业务的记账凭证可以采用收款凭证、付款凭证，也可以采用通用记账凭证；库存现金日记账和银行存款日记账一般采用三栏式的，也可以采用多栏式的。出纳应根据出纳业务的具体情况与企业管理的要求进行选择。

记账程序是指填制的审核记账凭证、登记出纳账簿、编制出纳报表的工作流程。

出纳账务处理的基本程序一般分成六步。

① 办理收付款业务，填制或审核收付款业务的原始凭证。

② 根据收付款业务的原始凭证或原始凭证汇总表编制记账凭证。

③ 根据收付款业务的记账凭证登记库存现金日记账和银行存款日记账。

④ 账实核对：库存现金日记账余额每天与库存现金实际结存数核对；银行存款日记账余额定期与开户行提供的银行对账单核对。

⑤ 账账核对：库存现金日记账定期与库存现金总账核对；银行存款日记账定期与银行存款总账核对。

⑥ 定期或不定期编制出纳报表，提供出纳核算信息。

出纳账务处理的基本程序，如图 1-2 所示。

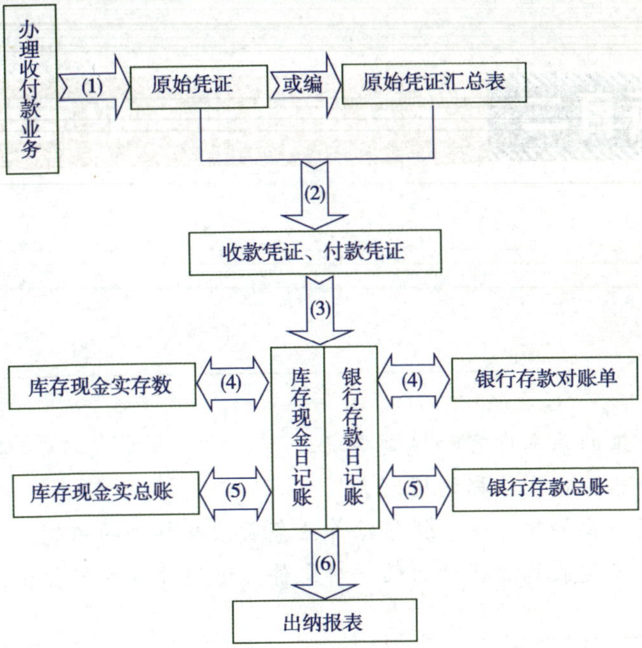

图 1-2

【业务 1-3】

会计账务处理程序对出纳账务处理的基本程序有什么影响?

业务处理

各种会计账务处理程序的区别是登记总账的依据和方法不同，而出纳账务处理的基本程序不涉及总账的登记，所以没有影响。不管会计账务处理采用哪种核算程序，出纳账务处理的基本步骤和方法都是一样的。

项目二 涉及出纳业务的原始凭证

学习目标

1. 理解原始凭证的基本内容和填制要求。
2. 掌握发票和非税收入票据的填制。
3. 熟练掌握现金收付款凭证、银行结算业务所涉及单据的填制。
4. 领会原始凭证是最具法律效力的一种文件，依法处理原始凭证。

子项目 1 原始凭证的基本内容和填制要求

原始凭证也称单据，是经济业务发生或完成情况的记录凭据或书面证明，是填制记账凭证和登记账簿的原始依据，是会计资料中最能明确经济责任、最具法律效力的一种文件。

一、原始凭证的分类

1. 原始凭证按来源的不同可以分为外来原始凭证和自制原始凭证

① 外来原始凭证是来自外单位或个人的原始凭证。如增值税专用发票的发票联、向外单位付款时取得的收据、银行转来的各种结算凭证、职工出差时取得的车船票、住宿发票等。

② 自制原始凭证是本单位人员自行填制的原始凭证。如增值税专用发票记账联、企业开出的银行结算凭证存根联、收料单、产品入库单、工资单、差旅费报销单等。

自制原始凭证应有的项目与外来原始凭证应有的项目基本相同，但也有些小的区别，如自制原始凭证一般不需要加盖税务专用章，也不需要由财政部门统一印制。

2. 原始凭证按格式的不同可以分为通用凭证和专用凭证

① 通用凭证由有关部门统一印制，具有统一的格式、统一的使用方法、一定的使用范围。如税务部门统一印制的增值税专用发票，人民银行统一印制的支票、本票、汇票等。

② 专用凭证是由单位自行印制，仅在本单位内部使用的原始凭证，如领料单、限额领料单、发出材料汇总表、折旧计算表等。

3. 按填制手续和内容的不同分为一次凭证、累计凭证和汇总凭证

① 一次凭证是指一次性填完所有内容，一次性完成各项手续的原始凭证。如：增值税专用发票、银行结算凭证等、产品入库单等。一般说来，外来原始凭证大多是一次凭证。

② 累计凭证是指一定时期内多次连续记录若干项同类经济业务的原始凭证。如限额领料单、累计销售凭证等。

限额领料单的样式详见图 2-1。

限额领料单

领料部门：装配车间　　材料类别：黑色金属

用　　途：生产铁制家具　　　　2020 年 10 月　　发料仓库：3 号仓库

材料编号	材料名称	规格	计量单位	本月领用限额数量	实际领用			备注
					数量	单价	金额	
01206	圆钢	18mm	kg	3800	3800	3.00	11400.00	

日期	领料			退库			限额结余数量
	数量	领料人签章	发料人签章	数量	收料人签章	退料人签章	
10/3	1200	张科	宋东河				2600
10/11	1000	张科	宋东河				1600
10/19	800	张科	宋东河				800
10/24	780	张科	宋东河				20
合计	3780						20

财务核算联

生产部门负责人：陈美丽　　供应部门负责人：卓省　　仓库负责人：留心海

图 2-1

③ 汇总凭证是根据一定时期内反映同类经济业务的若干张原始凭证，按一定的标准汇总编制而成的原始凭证。如发出材料汇总表、差旅费报销单、销售日报等。

二、原始凭证的基本内容

原始凭证虽然种类繁多，但都具备一些相同的内容，这些相同的内容就是原始凭证的基本内容。原始凭证的基本内容有：

① 原始凭证的名称及编号。

② 填制原始凭证的日期。

③ 接受原始凭证的单位（或个人）名称。

④ 经济业务的内容、数量、计量单位、单价、金额。

⑤ 填制原始凭证的单位（或填制人）名称。

⑥ 经办人及有关责任人员签名或者盖章。

增值税专用发票的基本内容见图 2-2。

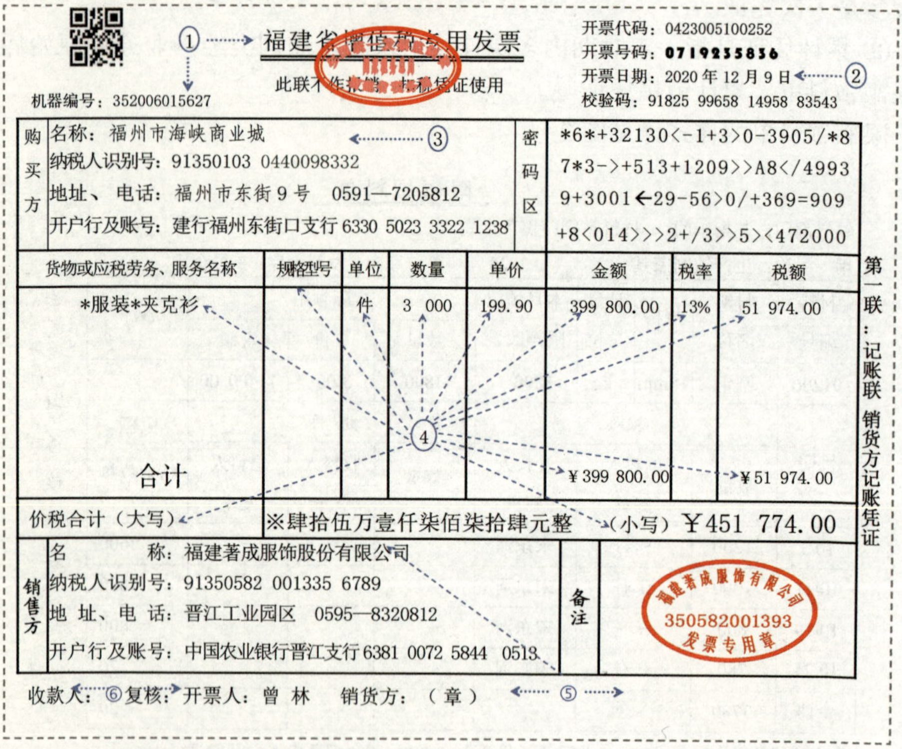

图 2-2

三、原始凭证的填制要求

1. 真实可靠

原始凭证所有项目都要如实填写。金额写错，开票单位要重开；其他项目写错，可重开也可更正，如果是更正，开票单位要在更正处加盖开票单位的印章，以证明更正的真实性。

原始凭证一般都要连续编号，以备考查。对事先编号的重要单据，作废时要加盖“作废”戳记，连同存根一起保存，不得随意弃毁。

2. 内容完整

原始凭证里设计的项目，要填写整全，不得遗漏或简略。其中：购买实物的原始凭证必须有验收证明；支付款项的原始凭证，必须有收款单位或收款人的收款证明。

3. 填制及时

① 在经济业务发生或完成时就要取得或填制；

② 要在规定的时间里按规定的程序将原始凭证传递给财务部门以及其他有关部门，以保证会计核算及时进行。

4. 填写规范

① 使用蓝黑墨水笔或特殊水笔书写。

② 文字工整，易于辨认，不得乱涂乱改，填写错误由开票方按规定进行更正或重开。

③ 大小写数字要规范。

附：阿拉伯数字的书写规范样本：

0	*1*	*2*	*3*	*4*	*5*	*6*	*7*	*8*	*9*

附：中文大写数字的规范样本：

零	壹	贰	叁	肆	伍	陆	柒	捌	玖	拾	佰	仟	万	亿

④ 大小写金额要一致。

⑤ 两联或两联以上的发票和收据，必须全部写透，且只能以其中一联作为报销凭证。

【业务 2-1】

下列业务涉及哪些原始凭证，应如何处理？

1. 销货退回业务。

2. 收回因公出差所借款项。

3. 上级批准进行的经济业务。

业务处理

① 发生销货退回，除了退货发票外，还应当有退货验收证明；退货时必须取得退货方的收款收据或者收款银行的凭证，不能以退货发票代替收据。

② 收回职工因公出差所借款项时，应当另开收据或退还原借款收据副本，原借款收据已附在发放借款业务的记账凭证之后，不得退还。

③ 经上级有关部门批准的经济业务，应当将批准文件作为原始凭证的附件，并在原始凭证上注明批准机关名称、日期和文件字号。

子项目 2 发票和非税收入票据

发票是一切单位和个人在购销商品、提供或接受服务以及从事其他经营活动中，所开具或收取的业务凭证，是会计核算的原始依据，也是审计机关、税务机关执法检查的重要依据。

发票只能证明经济业务的发生，不能证明款项（注：收据才是收付款凭证）是否收付。

发票主要有增值税专用发票和增值税普通发票。

一、增值税专用发票

增值税专用发票是由国家税务总局监制设计印制的，只限于增值税一般纳税人领购使用的，既作为纳税人反映经济活动中的重要会计凭证，又是兼记销货方纳税义务和购货方进项税额的合法证明，是增值税计算和管理中重要的决定性的合法的专用发票。

增值税专用发票的基本联次包括发票联、抵扣联和记账联。

发票联是购买方作为核算采购成本和增值税进项税额的原始凭证；抵扣联是购买方报送主管税务机关认证和留存备查的原始凭证；记账联是销售方作为核算销售收入和增值税销项税额的原始凭证，增值税专用发票由电脑打印，不得手工开具。对于增值税专用发票的开具，国家有严格的规定：

① 必须在经济业务发生并确认营业收入时才能开具增值税专用发票。

② 单位和个人不得给他人代开发票。

③ 单位和个人不得自行扩大增值税专用发票的使用范围。

④ 一张发票只能一种税率，最多开 8 行商品，商品单价是不含税的。

⑤ 当月开具的发票可以作废，隔月开具的发票和已报税的发票只能红字冲销。

二、增值税普通发票

增值税普通发票是由纳入增值税防伪税控一机多票系统的增值税一般纳税人销售货物或者提供应税劳务时使用该系统开具的带有税控信息的机打普通发票。

增值税普通发票的基本联次为二联，发票联和记账联。

增值税普通发票为增值税小规模纳税人和非增值税纳税人使用，增值税一般纳税人向小规模纳税人销售商品、提供服务或发生其他经营活动时，只能开具增值税普通发票。

不管是增值税专用发票还是增值税普通发票，开票（销售）方都要依法缴纳增值税销项税额，但对于受票（进货）方而言，增值税专用发票的进项税额可以抵扣，而增值税普通发票的进项税额则不能抵扣。

【业务 2-2】

2020 年 12 月 2 日，吴江恒宇股份有限公司向晋江著成服饰公司出售锦棉布 20000 码，不含税单价为 8.9 元/码，增值税税率 13%。

购货单位：晋江著成服饰股份有限公司（一般纳税人）

纳税人识别号：913505820013356789

地　　　址：晋江工业园区

电　　　话：0595—8320812

开户行及账号：中国农业银行晋江支行 6381007258440513

销货单位：江苏吴江恒宇股份有限公司（一般纳税人）

纳税人识别号：913205097220644688

地　　　址：苏州市吴江区大通路 12 号

电　　　话：0512-63511830

开户行及账号：中国农业银行吴江支行 9800698011350036

请以恒宇公司开票人“叶理”的身份，开一份增值税专用发票。

业务处理

增值税专用发票开毕，如图 2-3 所示。

机器编号 3200190375

江苏省增值税专用发票

发 票 联

开票代码：0325005100252
开票号码：07192358 36
开票日期：2020 年 12 月 2 日
校验码：19825 96658 14758 83536

购货单位	名　　称：晋江著成服饰股份有限公司 纳税人识别号：91350582 001335 6789 地 址、电 话：晋江工业园区 0595—8320812 开户行及账号：中国农业银行晋江支行 63810072 58440513	密码区	略

货物或应税劳务名称	规格型号	单位	数量	单价	金 额	税率	税 额
锦棉布		码	20 000	8.90	178 000.00	13%	23 140.00
合　　计					¥178 000.00		¥23 140.00
价税合计（大写）	※贰拾万零壹仟壹佰肆拾元整				（小写）¥201 140.00		

销货单位	名　　称：江苏吴江恒宇有限公司 纳税人识别号：91320509 722064 4688 地 址、电 话：苏州市吴江区大通路 12 号 0512-63511830 开户行及账号：中国农业银行吴江支行 9800 6980 1135 0036	备注	吴江市恒宇股份有限公司 3505470641 发票专用章

收款人：　复核：　　开票人：　叶理　　销货单位：（章）

发票联　购货方记账凭证

图 2-3

三、非税收入票据

非税收入票据是指各级国家机关、事业单位、社会团体以及其他组织，依据有关法律、法规和省人民政府有关规定，征收或者收取非税收入时，向缴款义务人开具的收(缴)款凭证。非税收入票据有 3 联次，分别是存根联、收据联、记账联。

存根联是收据开具方(一般是收款方)留存备查的原始凭证；收据联是付款方作为付款证明和记账依据的原始凭证；记账联是收款方作为收款证明和记账凭证的原始凭证。

企业对外发生非税支出时，应取得收入方开具的非税收入票据。

正规的非税收入票据应套印全国统一式样的财政票据监制章，可作为单位财务收支的法定凭证和会计核算的原始凭证，是财政、审计、监察等部门和非税收入管理机构进行监督检查的重要依据。

非税收入票据包括“非税收入通用票据”“非税收入专用票据”和“非税收入一般缴款书”三类。

非税收入通用票据是行政事业单位依法收取政府非税收入时开具的通用凭证。图 2-4 为山东齐鲁工业大学 2018 年 11 月 12 日向某位学生收取学费时开具的非税收入通用票据。

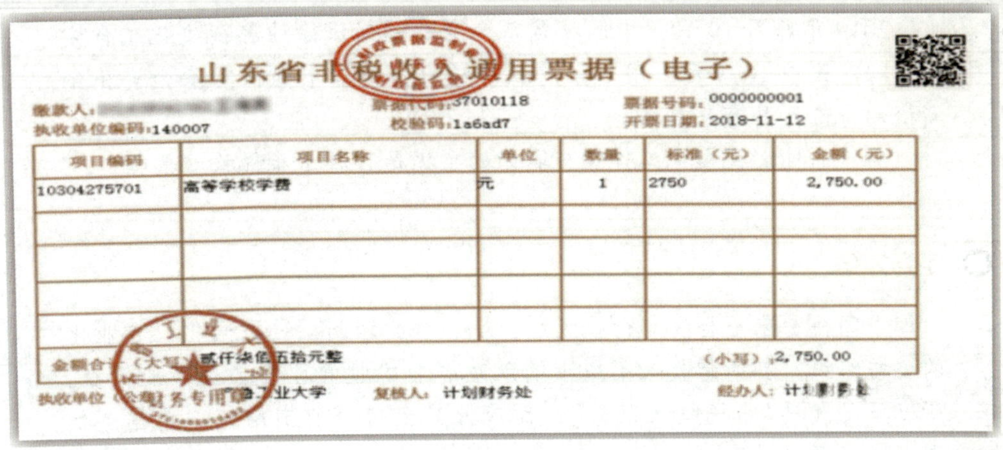

山东省非税收入通用票据（电子）

缴款人：[illegible]　　票据代码：37010118　　票据号码：0000000001

执收单位编码：140007　　校验码：1a6ad7　　开票日期：2018-11-12

项目编码	项目名称	单位	数量	标准（元）	金额（元）
10304275701	高等学校学费	元	1	2750	2,750.00

金额合计（大写）贰仟柒佰伍拾元整　　（小写）2,750.00

执收单位（公章）[illegible]工业大学　　复核人：计划财务处　　经办人：计划财务处

图 2-4

非税收入专用票据是特定的行政事业单位依法收取特定的政府非税收入时开具的专用凭证，主要包括行政事业性收费票据、政府性基金票据、国有资源(资产)收入票据、罚没票据等。

非税收入一般缴款书是实施政府非税收入收缴管理制度的行政事业单位收缴政府非税收入时开具的通用凭证。以政府名义接受捐赠时，应向捐赠人开具非税收入一般缴款书。

图 2-5 为空白的四川省政府非税收入一般缴款书回单联。

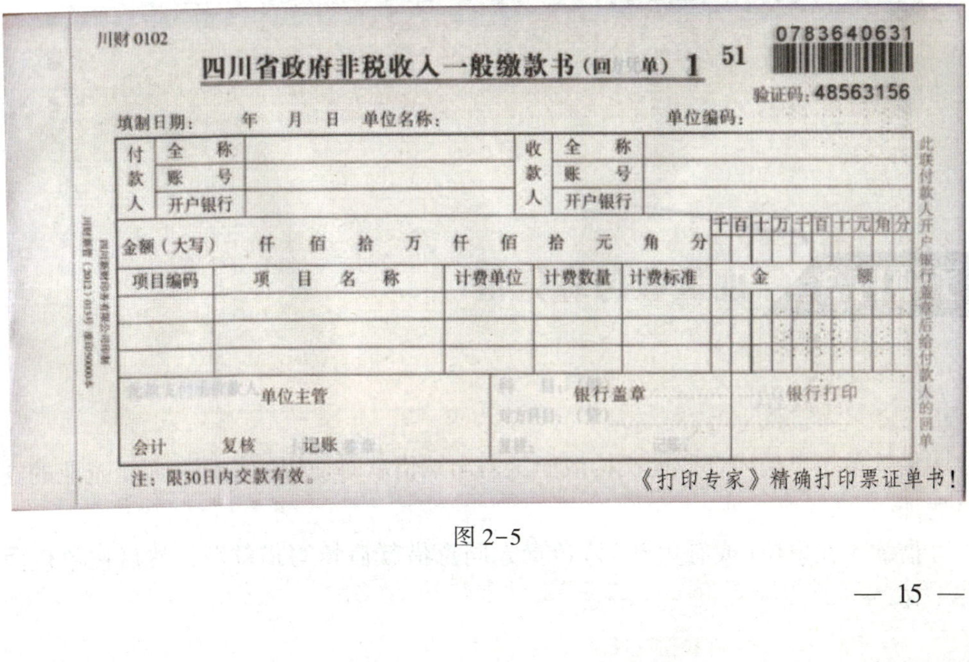

川财 0102

四川省政府非税收入一般缴款书（回单）1　51

0783640631

验证码：48563156

填制日期：　年　月　日　单位名称：　　单位编码：

付款人	全称		收款人	全称	
	账号			账号	
	开户银行			开户银行	

金额（大写）　仟　佰　拾　万　仟　佰　拾　元　角　分　（千 百 十 万 千 百 十 元 角 分）

项目编码	项目名称	计费单位	计费数量	计费标准	金额

单位主管　　银行盖章　　银行打印

会计　复核　记账

此联付款人开户银行盖章后给付款人的回单

注：限30日内交款有效。　　《打印专家》精确打印票证单书！

图 2-5

【业务 2-3】

2019 年 6 月 19 日，中国扶贫基金会收到新沂徐坤影视文化工作室捐助款人民币 10 万元，用于紧急救援项目，请以中国扶贫基金会出纳新松的身份开具有关票据。

新沂徐坤影视文化工作室应取回的票据是否属于非税收入票据？

业务处理

中国扶贫基金会没有行政级别，没有事业编制，是民间化、专业化的公益组织，其捐赠收入不属于纳入政府非税收管理的公益事业捐赠，所以不必开具“非税收入票据”，而应开具公益事业捐赠统一票据，如图 2-6 所示。

合法的公益事业捐赠统一票据也应当印有全国统一式样的财政票据监制章。

公益事业捐赠统一票据
UNIFIED INVOICE OF DONATION FOR PUBLIC WELFARE

2019-06-19
1612937781

国 财 00202 新沂徐坤影视文化工作室　2019 年 06 月 19 日
捐赠人 Donor:

№1612937781

捐赠项目 For purpose	实物（外币）种类 Material objects(Currency)	数量 Amount	金额 Total amount
捐赠款 紧急救援项目		1	100,000.00
金额合计（小写）In Figures			100,000.00
金额合计（大写）In Words 壹拾万元整			

接受单位（盖章）Receiver's Seal　复核人：Verified by　开票人：新松 Handling Person

第二联 收据

感谢您对公益事业的支持！Thank you for support of public welfare!

图 2-6

子项目 3　现金收付款凭证

一、借款单

借款单是单位内部职能机构或职工向出纳借款时使用的凭证，属于企业的支付凭证。

借款人在单位（或有关部门）负责人同意借款后填写借款单，然后按单位内部规定流程办理借款手续。出纳对借款单审核无误后支付现金或转账付款。

借款单一式多联的，应使用蓝色圆珠笔复写；借款单为单联的，可用黑色、蓝色、蓝黑色的钢笔或水笔填写。

借款单的格式如图 2-7 所示。

【业务 2-4】

2020 年 12 月 2 日，江苏吴江恒宇股份有限公司销售科业务员陈村胜，经部门经理闻听秒同意、公司总经理孙闽列批准后，向企业预借差旅费 1000 元。

请以陈村胜的身份，在图 2-7 上开一张借款单。

业务处理

陈村胜开具的借款单如图 2-7 所示。

江苏恒宇股份有限公司借款单

2020 年 12 月 2 日　　　　No 01712817

借款部门	销售科		借款人	陈村胜	
款项类别	现金 ☑　支票 ☐　支票号码：				
借款理由及借款用途	出差预借差旅费				
借款金额	（大写）人民币：壹仟元整　（小写）¥ 1 000.00				
批准人	孙闽列	财务审核	留小兵	部门审核	闻听秒	借款人签章	陈村胜
备　注				附件（张）	

本单据仅在本公司内部使

会计：　复核：出纳：经手：陈村胜

图 2-7

说明：这张借款单由陈村胜开具，经领导批准、部门审核、财务审核，但尚未到出纳处报销，故出纳、复核、会计三处未签章。

提示：借款单中的借款人和经手人有时是同一人，有时不是同一人。如民间借贷中，有的放款人与借款人并不认识，是通过经手人操办借款业务的，这时借款人与经手人就非同一人。而企业内部职工借款，一般情况下借款人与经手人是同一人。

二、差旅费报销单

差旅费报销单是单位因公出差人员报销差旅费时填制的报销凭证。

差旅费报销单涉及的金额，其中：“交费费”“住宿费”“市内交通费”等由出差人员根据“机车船”票、住宿发票、市内交通的车票(若单位“市内交通费”采用定额包干，则可以不附市内交通车票)归类填写；各种途中补贴金额、报销金额合计由审核报销单的会计人员填写。

单位“差旅费报销单”采用单联式，其背面应当粘附有“机车船”票、住宿费发票等外来原始凭证。

差旅费报销单在批准人批准并签字、部门领导审核并签字、财务审核并签字后，出纳才给予报销。

【业务 2-5】

陈村胜于 2020 年 12 月 3 日至 4 日到上海出差，代表公司参加上海市冬季商品展销会。发生的差旅费用包括往返上海的两张大巴车票，每张均为 45 元，住宿发票一张，在上海住宿一晚 300 元，市内打车的车票二张，均为 25 元。按企业财务制度规定，到上海出差，每天补贴 100 元。陈村胜出差回来，应及时填制差旅费报销单，按规定流程进行报销。

业务处理

陈村胜于 12 月 5 日，开具一张差旅费报销单，如图 2-8 所示。

江苏恒宇差旅费报销单

部　门：销售科　填报日期：2020 年 12 月 5 日

姓名		陈村胜		出差地点	上海				出差日期	自 2020 年 12 月 3 日		
事由		参加上海市冬季商品展销费								至 2020 年 12 月 4 日		
日期		起讫地点		交通费用		住宿费用			出差补贴			杂费
月	日	起	讫	类别	金额	日数	标准	金额	日数	标准	金额	市内交通
12	3	吴江	上海	大巴	40.00	1	300.00	300.00	2	100.00	200.00	50.00
12	4	上海	吴江	大巴	40.00							
						同意报销		列孙印闻		现金付讫		
以上单据共5张，总计人民币（大写）陆佰肆拾元整¥640.00												
部门主管		秒闻印听		财务审核	兵留印小	填报		陈村胜	报销	陈村胜（签章）		

图 2-8

三、收款收据

收款收据是企业自行印制或在商店购买的内部收据，一般用于单位内部职能部门与职工之间的款项往来以及本单位与外部单位和个人之间的非经营性资金往来。

收款收据一般不对外使用。如对外使用，只能作为现金收据或核算往来款项的依据，不能作为企业收入、成本、费用的单据，否则视为“白条”。如企业出借包装物收取押金时开具的收款收据，可以作为核算“库存现金”和“其他应付款”的入账依据，一旦没收押金，则应另开具增值税专用发票或普通发票，作为核算“其他业务收入”的入账依据。

收款收据一般三联，分别是存根联(开票方留存)、客户联(交付交款方)、财务联(由收款方财务记账使用)。

收款收据的样式详见图 2-9。

【业务 2-6】

2020 年 12 月 5 日，江苏吴江恒宇有限公司销售科业务员陈村胜在报销差旅费时退还预借差旅费余款 360 元。请公司收款人王燕开具一张收款收据。

业务处理

王燕开具一张收款收据，如图 2-9 所示。请同学根据【业务 2-6】提供的内容，审查王燕开有的收款收据是否完全正确。

江苏恒宇股份有限公司收款收据

2020 年 12 月 5 日　　　　No02012059

交款单位（部门）	销售科	交款人	陈村胜
交款项目	收回差旅费借款余款		
人民币（大写）零佰零拾零万零仟叁佰陆拾零元零角零分（小写）￥ 360.00			
备　注	预借 1000 元，报销 640 元，归还 360 元。		

财务联

收款单位公章：（已盖）　　收款人：王燕　交款人：陈村胜

图 2-9

四、现金缴款单

现金缴款单是单位出纳人员将库存现金存入开户银行时填写的原始凭证。

出纳人员应正确填写“收款单位全称”“开户银行账号”“款项来源”“解款部门”和“大小写金额”等。

现金缴款单一式三联，开户银行受理后应在缴款单的“回单联(第一联)”上加盖“现金收讫”的章，并将“回单联”退回给缴款单位，单位出纳以“回单联”为依据登记“库存现金日记账”。

现金缴款单样式详见图 2-10。

中国农业银行 AGRICULTURAL BANK OF CHINA

现金缴款单（回单）①

2020 年 12 月 6 日　　NO. 352039064

收款单位	全称	福建著成服饰股份有限公司	款项来源	罚款及押金
	账号	6381 0072 5844 0513	解缴部门	财务科

人民币（大写）	百	十	万	千	百	十	元	角	分
叁仟肆佰捌拾元整			¥	3	4	8	0	0	0

面值	张数	十	万	千	百	十	元	种类	张数	千	百	十	元	角	分
壹佰元	30			3	0	0	0	贰元	0				0		
伍拾元	9				4	5	0	壹元	0				0		
贰拾元	1					2	0	角票	0				0		
壹拾元	1					1	0	分币	0				0		
伍元	0						0	残损币	0				0		

中国农业银行 晋江支行 2020.12.06 现金收讫

收款：　　复核：

此联由银行盖章退回单位

图 2-10

【业务 2-7】

2020 年 12 月 6 日，福建著成服饰股份有限公司出纳黄洋洋，于下班前将当日收取的出借包装物押金以及职工违规罚款总计 3480 元存入开户银行，开户账号为 6381007258440513。

请出纳黄洋洋开具现金缴款单。

业务处理

2020 年 12 月 6 日，福建著成服饰股份有限公司出纳黄洋洋将要存入银行的现金清点了二次，二次清点结果一样，均为 3480 元。

其中：面值100元的30张；面值50元的9张；面值20元的1张；面值10元的1张。

黄洋洋根据清点结果，开具了一份现金缴款单，如图2-10所示。

子项目4　涉及银行结算业务的原始凭证

银行结算业务即转账结算业务，是指通过银行账户的资金转移所实现收付的行为，即银行接受客户委托，从付款单位存款账户划出款项，转入收款单位存款账户，以此完成客户之间债权债务的清算或资金的调拨。

中国人民银行规定了企业可以采用的银行结算方式有支票、银行本票、银行汇票、商业汇票、汇兑、委托收款、托收承付、信用卡等。

一、支票

支票按付款方式的不同可以分成现金支票、转账支票和普通支票。现金支票只能提取现金，不能转账；转账支票只能转账，不得提取现金；普通支票既可用于转账，也可以提取现金，普通支票左上角划两条平行线为划线支票，划线支票不得提取现金，只能转账。

银行对支票的签发和接收依法做了许多规定，财务人员在工作中如果不遵守这些规定，支票就得作废。

1. 支票存根联(正面)的填制

存根联应填项目有：小写出票日期、收款人全称、小写金额、用途、单位主管及会计人员的签章、在存根和正联之间加盖“企业公章或财务专用章”。

福建移动通信公司泉州分公司2020年9月10日，从银行提取现金3580元，以备日常零星开支。

该公司出纳开具的“现金支票存根”如图2-11所示。

加盖在存根与正联的公司财务专用章，也称“骑缝章”，沿着存根的正联之间直线剪开后，各自呈现公章的半边，如图2-11和图2-12所示。

2. 支票正联(正面)的填制

① 出票人与付款行：

出票人要在支票的正面加盖财务专用章、法人章，并在存根和正联之间加盖“企业公章或财务专用章”(详见图2-12)，缺一不可，印泥为红色，印章要清晰，印章模糊的支票要作废。

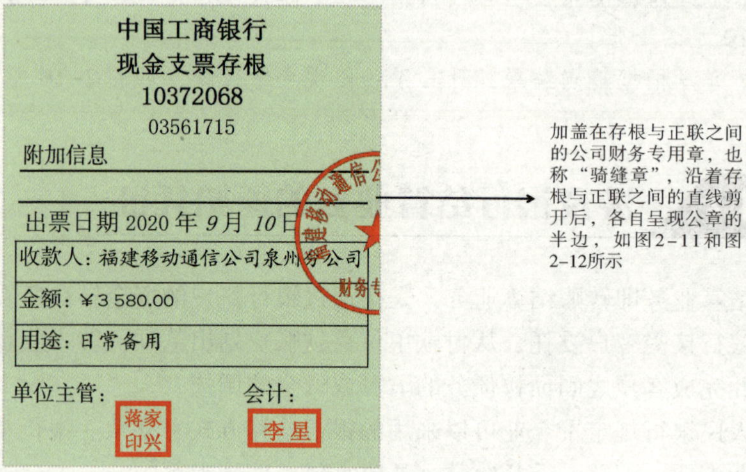

图 2-11

付款行名称是出票人开户行的名称，出票人账号是出票人的银行账号。福建移动通信公司泉州分公司的开户行是中国工商银行泉州支行，其账号是6500498801020655。

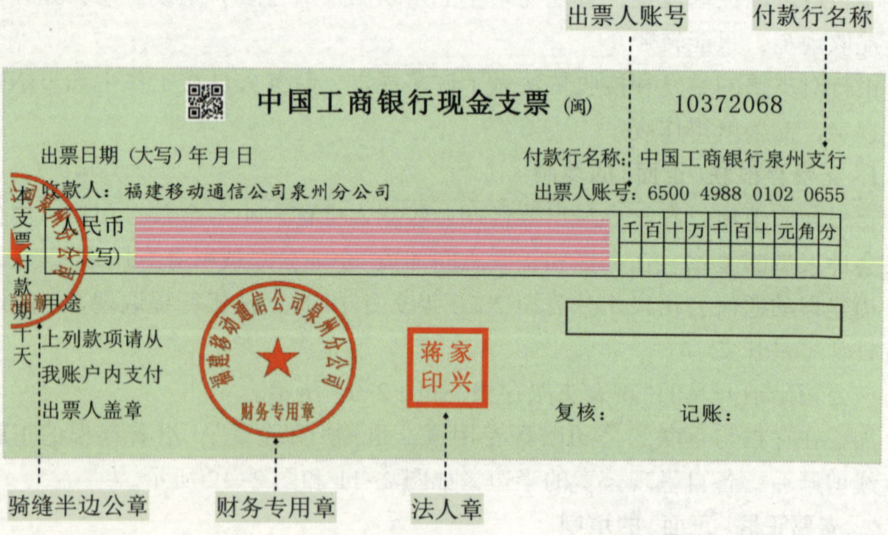

图 2-12

② 收款人全称：

支票正联以及存根联上的收款人名称必须是全称。在福建移动通信公司泉州分公司提现业务中，收款人就是付款人，所以财务专用章上的公司名称与收款人全称一致，详见图 2-13。若收款人为外单位或个人，则收款人全称与财务专用章上的公司名称是不一致的。

③ 出票日期：

支票正联的出票日期要大写，并须与存根联的小写日期保持一致。

大写日期前要加“零”的有：1~2 月、10 月；1~10 日、20 日、30 日。如：1 月大写的规范写法是“零壹月”；20 日大写的规范写法是“零贰拾日”。

在 10~19 的大写中，壹不能省略。如：15 日不能写成“拾伍日”要写成“壹拾伍日”；12 月不能写成“拾贰月”要写成“壹拾贰月”。

福建移动通信公司泉州分公司出纳李星于 2020 年 12 月 9 日开具的现金支票，其大写出票日期如图 2-13 所示，小写出票日期见图 2-11。

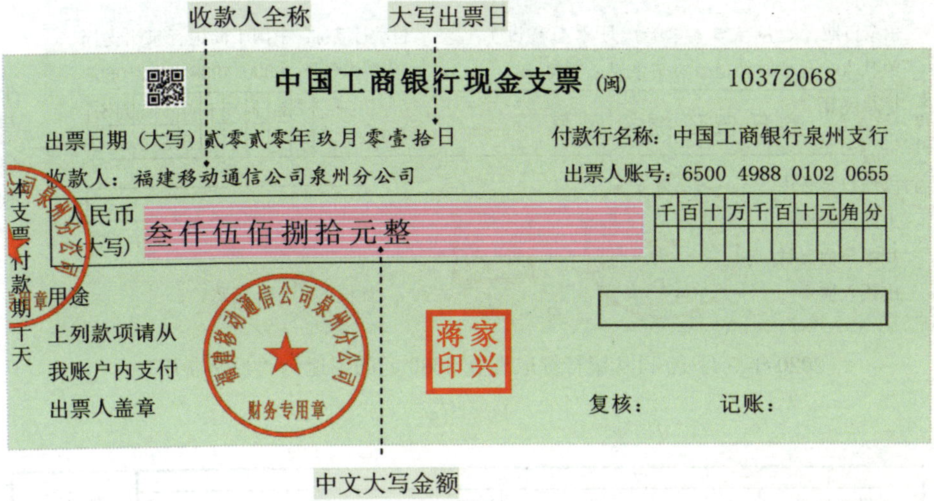

图 2-13

④ 中文大写金额：

中文大写金额应紧挨“人民币”字样顶格书写，不得留有空白（见图 2-13）。中文大写金额到元为止的，元后面必写“整”或“正”（见图 2-13）。中文大写金额到角为止的，角后面的“整”或“正”可写可不写，但不得写零分，如：“8.50 元”可以写成“捌元伍角”或“捌元伍角正”，但不可以写成“捌元伍角零分”。中文大写金额到分为止的，分后面不得写“整”或“正”，如“78.36 元”应写成“柒拾捌元叁角陆分”。

如果小写金额中间连续几个“0”，中文大写金额只写一个“零”。如“9001.50 元”，应写成“玖仟零壹元伍角整”；如果小写金额的角位是“0”分位不是“0”，中文大写金额元的后面应写零，如“400.08 元”，应写成“肆佰元零捌分”；如果小写金额万位、元位是“0”，但千位、角位不是“0”的，大写金额的“零”可写可不写。

⑤ 小写金额：

小写金额（与大写金额要一致）前要加货币符号，如壹仟元人民币，要写成“￥1000.00”；壹仟元美元要写成“US$1000.00”；壹仟元港币要写成“HK$1000.00”。

福建移动公司泉州分公司2020年9月10日，从银行提取现金3580元，以备日常零星开支。其支票正联小写金额如图2-14所示，该支票的背面信息如图2-15所示。

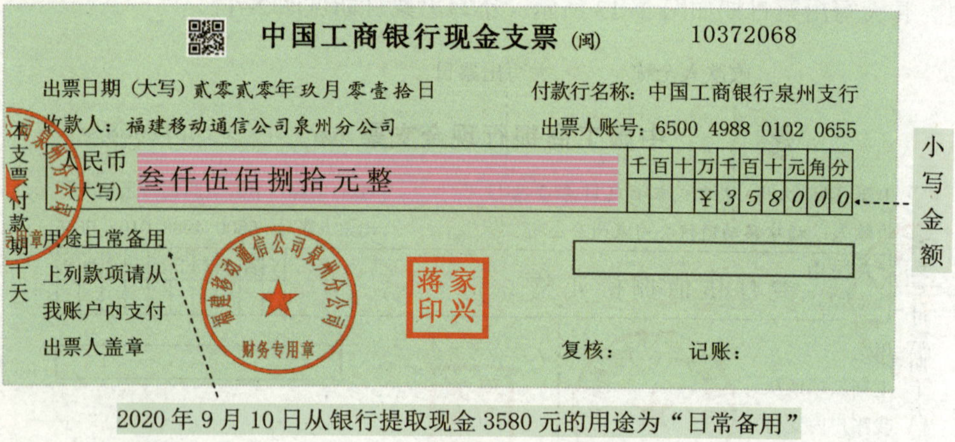

图2-14

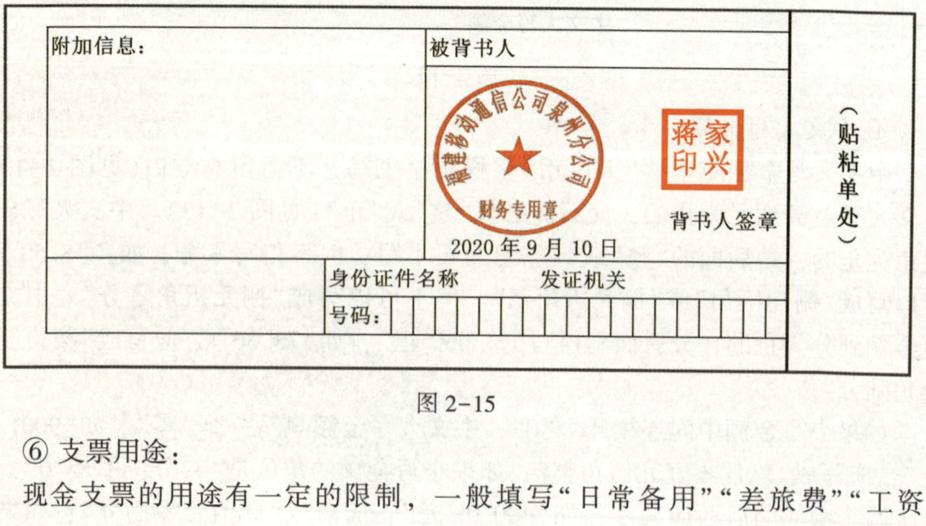

图2-15

⑥ 支票用途：

现金支票的用途有一定的限制，一般填写“日常备用”“差旅费”“工资”

“劳务费”等；转账支票的用途没有具体规定，可以填写如“货款”“代理费”等。

二、支票背面的填制

① 现金支票的收款人为本单位的，应在现金支票背面的“被背书人”栏内加盖本单位的财务专用章和法人章，之后收款人可凭现金支票到开户银行提取现金。

② 现金支票的收款人是个人的，现金支票背面不盖任何章，收款人在现金支票背面上填写身份证号码和发证机关名称，凭身份证和现金支票签字领款。

③ 出票人不得在转账支面背面盖章，收款单位取得转账支票后，应在背面的被背书栏内盖收款单位财务专用章和法人章。转账支票的背面如图 2-16 所示。

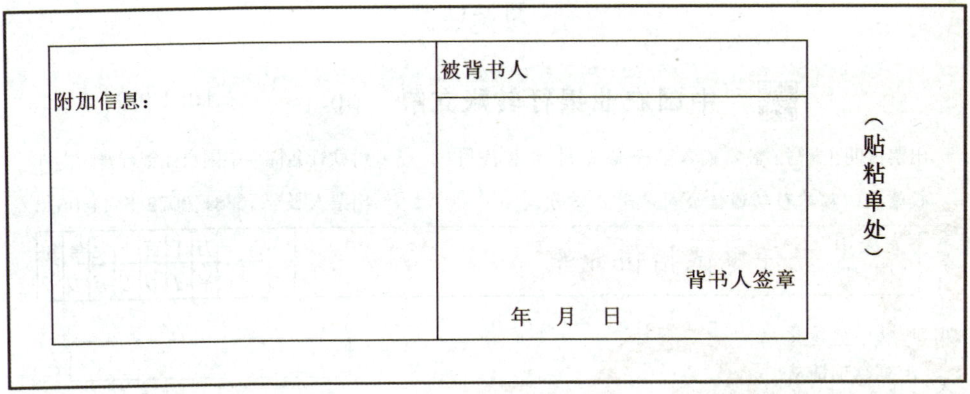
附加信息：
被背书人
背书人签章
年　月　日
（贴粘单处）

图 2-16

【业务 2-8】

2020 年 11 月 30 日福建著成服饰股份有限公司（部分资料见“业务 2-2”）财务科出纳黄洋洋转账支付福建移动公司泉州分公司（相关资料见图 2-14）本月企业的通信费用为 1025 元。

请出纳黄洋洋开具转账支票。

业务处理

黄洋洋开具的转账支票，其存根联如图 2-17 所示。

黄洋洋开具转账支票，其正联如图 2-18 所示。

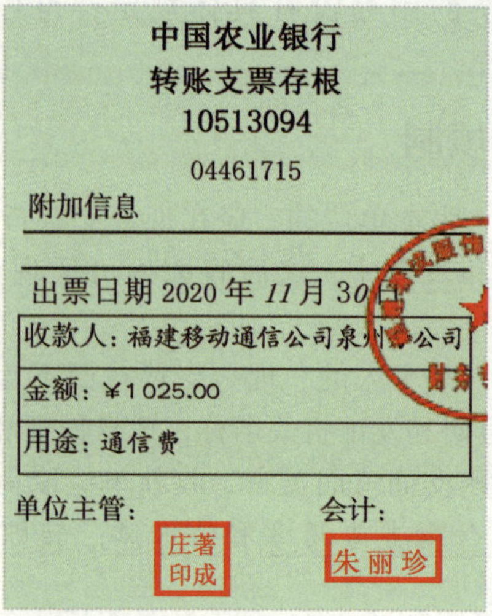

中国农业银行
转账支票存根
10513094
04461715

附加信息

出票日期 2020 年 11 月 30 日

收款人：福建移动通信公司泉州分公司

金额：¥1025.00

用途：通信费

单位主管：庄著印成　　会计：朱丽珍

图 2-17

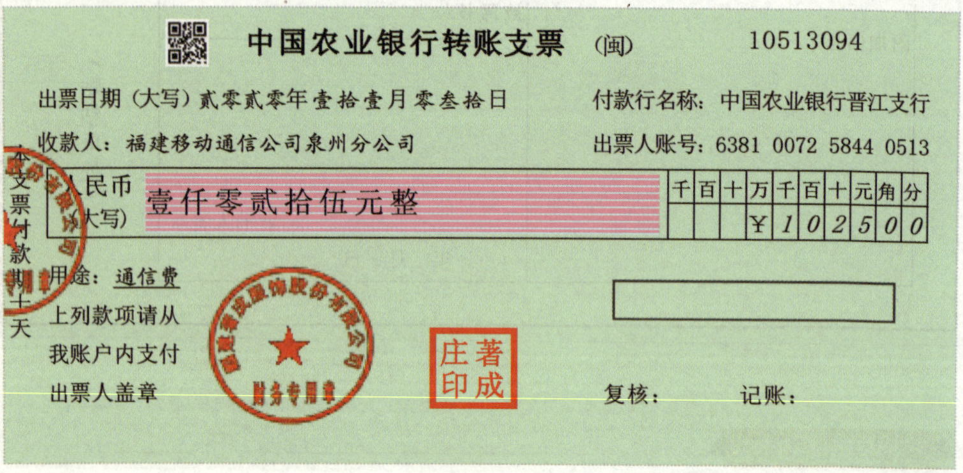

中国农业银行转账支票　(闽)　10513094

出票日期（大写）贰零贰零年壹拾壹月零叁拾日　　付款行名称：中国农业银行晋江支行

收款人：福建移动通信公司泉州分公司　　出票人账号：6381 0072 5844 0513

本支票付款期限十天

人民币（大写）	千	百	十	万	千	百	十	元	角	分
壹仟零贰拾伍元整					¥	1	0	2	5	0	0

用途：通信费

上列款项请从
我账户内支付
出票人盖章　　庄著印成　　复核：　　记账：

图 2-18

三、银行进账单

单位收到支票、银行本票、银行汇票均需要填制“银行进账单”，如果收款人收到同一付款人数张票据时，可将数张票据合并，填制同一张“银行进账单”。

银行进账单一式三联，第一联是开户银行交给持票人的回单联；第二联是收款人开户银行的贷方凭证；第三联是收款人开户银行交给收款人的收账通知。

进账单应填项目(详见图 2-19)有:

小写日期、出票人和收款人、大小写金额、票据种类、票据张数、票据号码。

此外，企业收到的回单联应有开户银行的盖章。

【业务 2-9】

2020 年 12 月 1 日，福建移动公司泉州分公司(相关资料见图 2-14)出纳李星收到福建著成服饰股份有限公司(部分资料见“业务 2-2”)提供的转账支票，用以支付 2020 年 11 月份的通信费用 1025 元。

请在转账支票背面“背书人签章”栏签章并填写相应的信息、同时填制“银行进账单”，连同转账支票送交开户银行提示付款。

业务处理

李星收到转账支票后，经审核无误后，在转账支票背面的“被背书栏”内加盖“收款单位财务专用章”和“法人章”，如图 2-19 所示。

附加信息：

被背书人

福建移动通信公司泉州分公司 财务专用章

蒋家 印兴

背书人签章

2020 年 12 月 1 日

(贴粘单处)

图 2-19

然后，李星又开具“银行进账单”，连同支票一并送交银行转账，办完业务后，收到银行退回的“银行进账单(收账通知)”，如图 2-20 所示。

X X银行进账单(回单或收账通知) 1

2020年12月1日

出票人	全称	福建著成服饰股份有限公司	收款人	全称	福建著移动通信公司泉州分公司
	账号	中国农业银行晋江支行		账号	中国工商银行泉州支行
	开户银行	6381 0072 5844 0513		开户银行	6500 4988 0102 0655
金额	人民币(大写)	壹仟零贰拾伍元整		千百十万千百十元角分	￥102500
票据种类	转账支票	票据张数	1		中国工商银行 泉州支行 2020.12.1 讫
票据号码	10452079				
复核	记账				收款人开户银行盖章

图 2-20

四、银行本票和银行汇票

银行本票是出票人签发的，承诺自己在见票时无条件支付确定的金额给收款人或者持票人的票据。《票据法》所称本票仅指银行本票。

银行汇票是出票人签发的，委托付款人在见票时或者在指定日期无条件支付确定的金额给收款人或者持票人票据。

单位或个人采用银行本票或银行汇票办理结算时“银行汇(本)票申请书”。

申请书一式三联，其中：

第一联银行记账凭证；

第二联代理签发行记账凭证；

第三联客户回单，格式如图 2-21 所示。

“银行汇(本)票申请书”应填写项目有：

① 填写币别；

② 填写小写日期；

③ 选择业务类型及付款方式(在选中的 1 内打✓)；

④ 填写申请人全称、账号及用途；

⑤ 填写收款人全称、账号及代理付款行；

⑥ 填写大小写金额；

⑦ 在“客户签章”处加盖预留银行印鉴。

X X银行汇(本)票申请书 NO 2918350

币别：　年　　月　日　流水号：

业务类型	□银行汇票　□银行本票	付款方式	□转账　□现金
申 请 人		收 款 人	
账　　号		账　　号	
用　　途		代理付款行	
金额	(大写)	千 百 十 万 千 百 十 元 角 分	
客户盖章			

图 2-21

(一) 银行本票

银行本票可分为定额银行本票和不定额银行本票。定额银行本票一式一联；不定额银行本票一式两联，第一联(详见图 2-22)在签发银行结算本票时作为付出传票，第二联由签发银行留存，在结算本票时作为传票附件。

付款期 贰个月　　中国××银行　　本票号码 第　号

本　　票　1

签发日期（大写）　年　月　日

收款人：			
凭票即付(大写)	人民币		
转账□	现金□		
备注：		出票行签章	出纳　复核　经办

此区域供银行打印磁性条形码

此联签发行结清本票时作付出传票

图 2-22

银行本票结算方式的相关规定：

① 银行本票一律记名，申请人和收款人均为个人的，可以签发现金银行本

票。现金银行本票不得背书转让，转账银行本票则可以背书转让。

② 银行本票的出票日期和出票金额必须大写，不得更改。

③ 转账(支取现金)的银行本票，必须在本票上划去“现金”(“转账”)字样。

④ 如果不允许转让银行本票，应在本票正面“备注”栏内注明“不得转让”。

⑤ 银行本票不予挂失，银行本票丧失后，失票人可以凭借人民法院出具的享有票据权利的证明，向出票银行请求付款或者退款。

(二) 银行汇票

银行汇票一式四联：

第一联为卡片联，由出票行结清汇票时作借方凭证。

第二联银行汇票，汇票联有正面和背面两面，正面格式如图 2-23 所示。

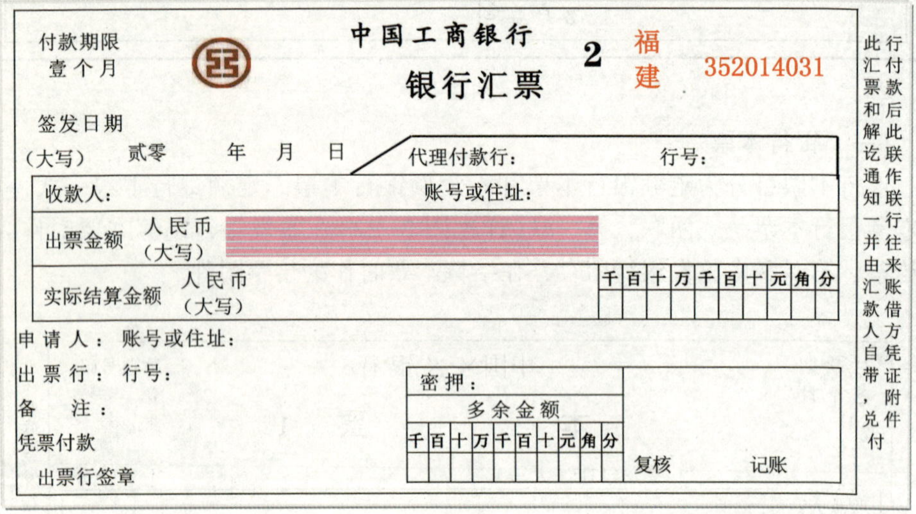
付款期限 壹个月

中国工商银行

银行汇票 2

福建 352014031

签发日期 (大写) 贰零 年 月 日

代理付款行： 行号：

收款人： 账号或住址：

出票金额 人民币(大写)

实际结算金额 人民币(大写)

千 百 十 万 千 百 十 元 角 分

申请人： 账号或住址：

出票行： 行号：

备注：

凭票付款

出票行签章

密押：

多余金额

千 百 十 万 千 百 十 元 角 分

复核 记账

此联代理付款行付款后作联行往来账借方凭证附件

此汇票和解讫通知一并由汇款人自带，兑付

图 2-23

银行汇票允许背书转让，但未填写实际结算金额或者实际结算金额超过出票金额的银行汇票，不得背书转让。

持票人将银行汇票背书转让时，应在银行汇票第二联的背面(格式如图 2-24 所示)填明被背书人名称并签章。多次背书转让的银行汇票，若背面填不下，可粘贴单。

第三联(格式见图 2-25)为解讫通知。

第四联为多余款通知。

银行汇票结算方式的相关规定：

① 银行汇票一律记名，申请人和收款人均为个人的，可以签发现金银行汇票。

被背书人	被背书人
背书人签章 年　月　日	背书人签章 年　月　日

（贴粘单处）

持票人向银行身份证件名称　　　　发证机关

提示付款签章：　　　　号码：

图 2-24

付款期限 壹个月

中国工商银行　**3**　福建　352014031

银行汇票（解讫通知）

签发日期（大写）　贰零　　年　月　日　　代理付款行：　　　行号：

收款人：	账号或住址：	
出票金额	人民币（大写）	
实际结算金额	人民币（大写）	千 百 十 万 千 百 十 元 角 分

申 请 人：　账号或住址：

出 票 行：　行号：　　　　密押：

备　　注：　　　　多余金额

代理付款行签章　　　　千 百 十 万 千 百 十 元 角 分

复核　　经办　　　　复核　　记账

此联代理付款行兑付后随报账单寄出票行　由出票行作多余款贷方凭证

图 2-25

② 汇票出票行应将银行汇票（第二联）和解讫通知（第三联）一并提交给申请人。

③ 收款企业受理银行汇票时，应在出票金额内，将实际结算金额和多余金额准确填入银行汇票和解讫通知的有关栏目内。如果实际结算金额与汇票的票面金额相同，则在“多余金额”栏内填写“0”。

④ 填明“现金”字样和代理付款人的银行汇票丧失，可由失票人通知付款人

或者代理付款人挂失止付。未填明“现金”字样和代理付款人的银行汇票不得挂失止付。

“挂失止付通知书”如图 2-26 所示。

挂失止付通知书 1

填写日期年　　月　日

挂失止付人:	票据种类	
票据丧失时间:	号码	
票据丧失地点:	金额	
票据丧失事由	付款人	
	收款人	
	出票日期	
	付款日期	
失票人签章 年　月　日	挂失止付人联系地址（手机）:	

图 2-26

⑤ 银行汇票丧失，失票人可以凭人民法院出具的其享有票据权利的证明，向出票银行请求付款或退款。

【业务 2-10】

2020 年 12 月 2 日，晋江美芝服饰股份有限公司向吴江恒宇有限公司采购丝光棉 10000 码，不含税单价为 8.80 元/码，增值税税率 13%。

企业决定采用银行汇票结算方式，出纳开具了“银行汇票申请书”，向开户银行申请一张面额为 100000 元的银行汇票。

附：完成任务所需要的材料：

购货单位：晋江美芝服饰股份有限公司

开户行账号：5314010000156997

代理付款行：中国工商银行晋江支行

财务专用章：-------------------> 晋江美芝服饰股份有限公司 财务专用章

销货单位：江苏吴江恒宇有限公司

开户行账号：9800698011350036

业务处理

出纳开具了“银行汇票申请书”如图 2-27 所示。

X X银行汇(本)票申请书 NO 2918350

币别：2020年12月2日流水号：

业务类型	☑银行汇票　□银行本票	付款方式	☑转账　□现金
申请人	晋江美芝服饰股份有限公司	收款人	江苏吴江恒宇有限公司
账号	5314 0100 0015 6997	账号	9800 6980 1135 0036
用途	采购材料	代理付款行	中国工商银行晋江支行
金额	(大写)人民币壹拾万元整	千百十万千百十元角分	¥10000000
晋江美芝服饰股份有限公司 财务专用章 客户盖章			

图 2-27

五、商业汇票及其贴现凭证

商业汇票是出票人签发的，委托付款人在指定日期(或见票时)无条件支付确定的金额给收款人或持票人的票据。

商业承兑汇票按承兑人的不同分成银行承兑汇票和商业承兑汇票。银行承兑汇票的承兑人为承兑申请人的开户银行；商业汇票的承兑人就是付款人。

商业汇票一式三联：

第一联卡片联，商业承兑汇票由承兑人(详见图 2-28)留存备查；银行承兑汇票由承兑银行(详见图 2-29)留存备查。

第二联汇票联，此联是银行间的传递凭证。银行承兑汇票的正面见图 2-30，商业承兑汇票的正面见图 2-31；银行承兑汇票和商业承兑汇票的背面均如图 2-32 所示。

商业承兑汇票（卡片）1

汇票号码 2029418

出票日期（大写）　　年　　月　　日

出票人	全　称		收款人	全　称		
	账　号			账　号		
	开户银行	行号		开户银行	行号	
出票金额	人民币 (大写)				千百十万千百十元角分	
汇票到期日（大写）	年　月　日		交易合同号码			
出票人签章			备注			

此联承兑人（付款人）留存

图 2-28

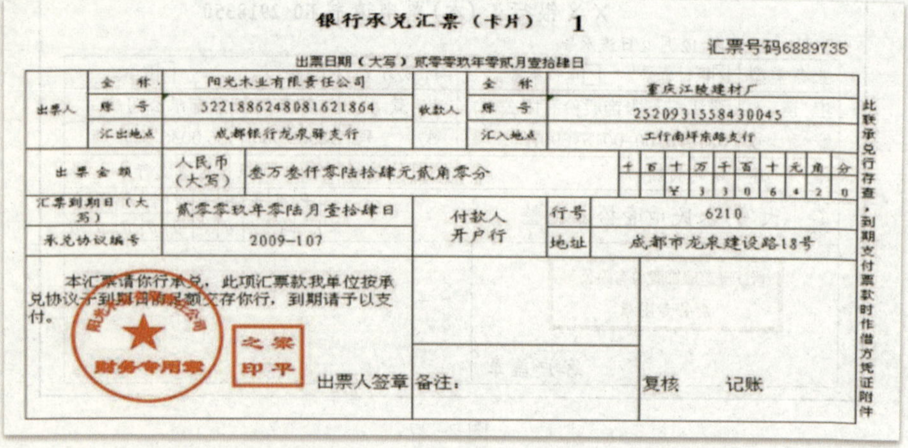

图 2-29

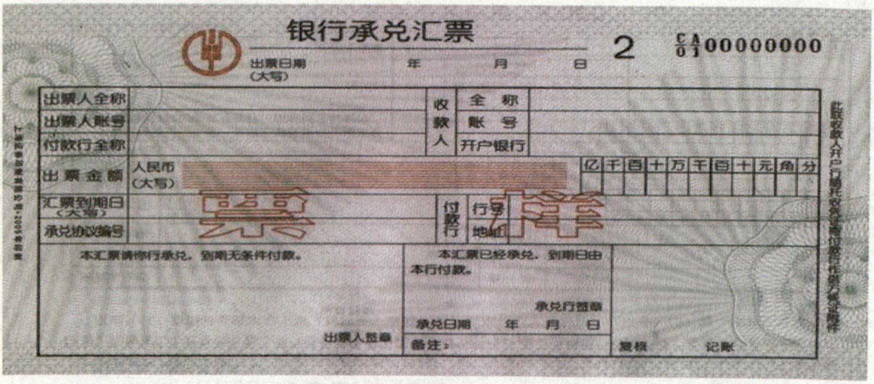

图 2-30

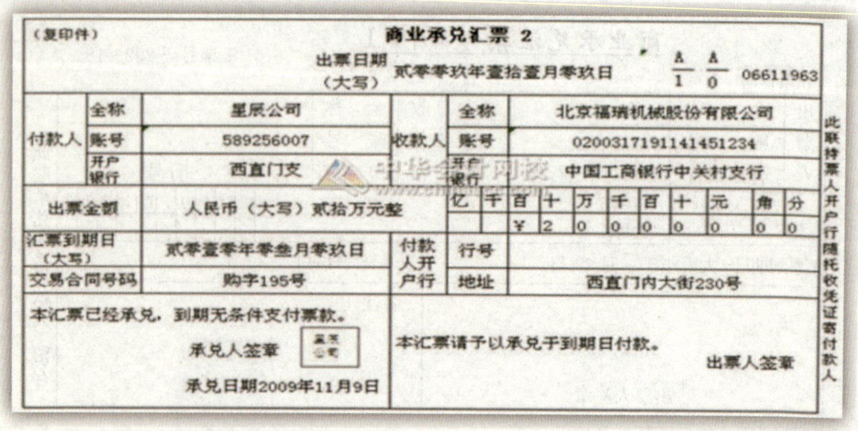

图 2-31

被背书人	被背书人	（贴粘单处）
背书人签章 年 月 日	背书人签章 年 月 日	

图 2-32

第三联存根联，（详见图 2-33），此联由出票人存查。

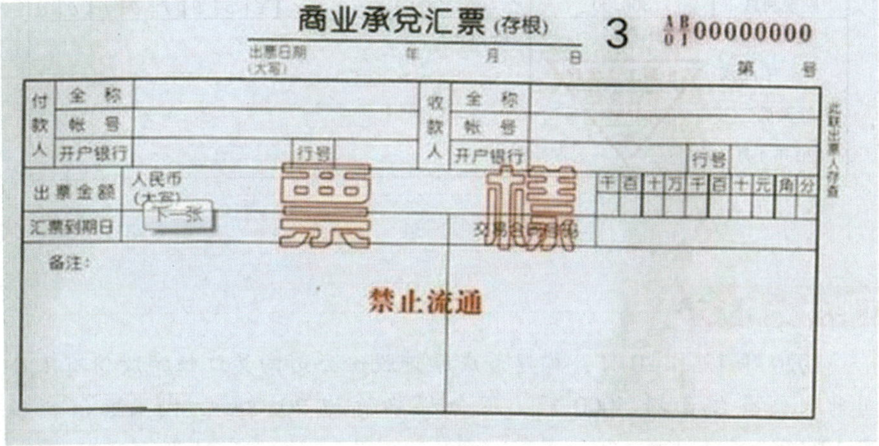
商业承兑汇票（存根） 3 AB 01 00000000
出票日期（大写） 年 月 日 第 号

付款人	全称		收款人	全称	
	帐号			帐号	
	开户银行	行号		开户银行	行号
出票金额	人民币（大写）				千 百 十 万 千 百 十 元 角 分
汇票到期日			交易合同号码		
备注：					

此联出票人存查
票样
禁止流通

图 2-33

商业汇票结算方式的相关规定：

(1) 银行汇票一律记名，除非汇票正面注明“不得转让”字样，否则允许背书转让。

(2) 持票人提示承兑：

① 定日付款或出票后定期付款，应在票据到期日前向付款人提示承兑；

② 见票后定期付款的，应自出票日起一个月内向付款人提示承兑；

③ 见票即付的票据，无须提示承兑。

(3) 持票人提示付款(付款期限最长不得超过 6 个月)。

商业汇票的票款结算一般采用委托收款方式。

①见票即付的汇票，持票人应自出票日起一个月内通过开户银行委托收款或

直接向付款人提示付款；

②定日付款、出票后或见票后定期付款的汇票，持票人应自票据到期日起十天内通过开户银行委托收款或直接向付款人提示付款。

商业汇票贴现凭证，持票人凭未到期的商业汇票向银行申请贴现时，应根据商业汇票填制贴现凭证，贴现凭证的格式如图 2-34 所示。

票据贴现凭证（收账通知）4

填写日期 2020 年 4 月 8 日　　　　第　　号

申请人	全　称	福建苏喜服饰有限公司	贴现汇	种类及号码	商业承兑汇票
	账　号	3501259661247567		发票日	2020 年 2 月 8 日
	开户银行	中国工商银行晋江支行		到期日	2020 年 5 月 8 日
汇票承兑人	厦门海西商城	账号	350256912347651	开户银行	厦门翔安工行
汇票金额	人民币（大写）陆万元整			千百十万千百十元角分	¥6000000
年贴现率	6%	实付金额		千百十万千百十元角分	¥5970000
贴现利息	300.00				
上述款项已入你单位账户。此致 银行盖章 2020 年 4 月 7 日（中国工商银行晋江支行 2020.4.7）		备注：			

图 2-34

【业务 2-11】

2020 年 12 月 20 日，福建著成服饰股份公司向吴江恒宇股份有限公司采购桑蚕丝面料 5000 码，不含税单价为 20.00 元/码，增值税税率 13%。

双方协商后，决定采用商业承兑汇票结算方式。

附：完成任务所需要的材料：

交易合同号码：350202012020

出票单位：福建著成服饰股份有限公司

账号：6381007258440513

开户银行：中国农业银行晋江支行(行号：0356)

汇票签发日：2020 年 12 月 20 日；汇票到期日：2021 年 3 月 20 日

收款单位：江苏吴江恒宇股份有限公司

账号：9800698011350036；

开户银行：中国农业银行吴江支行(行号：0784)

业务处理

福建著成服饰有限公司以出票人的身份开具“商业承兑汇票”，该汇票的第一联如图 2-35 所示。

商业承兑汇票（卡片）1

汇票号码 2029418

出票日期（大写）贰零贰零年壹拾贰月零贰拾日

出票人	全　称	福建著成服饰股份有限公司	收款人	全　称	江苏吴江恒宇股份有限公司
	账　号	6381 0072 5844 0513		账　号	9800 6980 1135 0036
	开户银行	中国农业银行晋江支行　行号 0356		开户银行	中国农业银行吴江支行　行号 0784
出票金额	人民币（大写）	壹拾壹万叁仟元		千百十万千百十元角分	¥11300000
汇票到期日（大写）	贰零贰零年壹拾贰月零贰拾日		交易合同号码	350202012020	
（福建著成服饰股份有限公司 财务专用章）出票人签章			备注		

此联承兑人付款人留存

图 2-35

六、汇兑结算

汇兑结算是汇款人委托银行将其款项支付给收款人的一种结算方式，汇兑适用于企业和个人各种款项的结算。

汇兑按款项和结算方式的不同分成信汇和电汇。

信汇凭证一式四联：

第一联回单联，汇款人留存；

第二联汇出行借方凭证；

第三联汇入行贷方凭证；

第四联收款人的收账通知。

电汇凭证一式三联：

第一联回单联(格式见图 2-36)，汇款人留存；

第二联为汇出行办理转账付款的支款凭证；

第三联是汇出行向汇入行拍发电报的凭据。

汇兑结算方式的相关规定：

① 收款人和汇款人均为个人，汇款人在汇兑凭证“收款人账号或住址”栏注明“留行待取”字样的，收款人可到汇入银行领取汇款。

② 汇款人确定不得转汇的，应在汇兑凭证备注栏中注明“不得转汇”字样。

③ 汇兑款项支取期限为二个月，对于不属于本单位的汇入款项，收款人应拒绝受汇。

【业务 2-12】

2021 年 1 月 5 日，晋江美芝服饰股份有限公司向吴江恒宇股份有限公司采购丝光棉 5000 码，含税价为 11.30 元/码，增值税税率 13%。

双方协商后，决定采用电汇(普通)结算方式。

附：完成任务所需要的材料：

汇款单位：晋江美芝服饰股份有限公司

汇出行名称：中国工商银行晋江支行

账号：5314010000156997

汇出地点：福建省晋江市

收款单位：江苏吴江恒宇股份有限公司

汇入行名称：中国农业银行吴江支行

账号：9800698011350036

汇入地点：江苏省苏州

业务处理

美芝服饰股份有限公司出纳人员到银行办理电汇，取回“回单联”如图 2-36 所示。

中国工商银行电汇凭证（回　单）　1

☑普通☐加急　　签发日期　2021 年 1 月 5 日　　203405029

汇款人	全　称	晋江美芝服饰股份有限公司			收款人	全　称	江苏吴江恒宇股份有限公司	
	账　号或住址	5314 0100 0015 6997				账　号或住址	9800 6980 1135 0036	
	汇　出地　点	福建省晋江市	汇出行名　称	中国工商银行晋江支行		汇　入地　点	江苏省苏州市	汇入行名　称 中国农业银行吴江支行
金额	人民币（大写）	伍万陆仟伍佰元					千 百 十 万 千 百 十 元 角 分	¥ 5 6 5 0 0 0 0
							支付密码	
							附加信息及用途 支付货款	
		中国工商银行晋江支行 2021.1.5 讫				汇出行盖章	复核　记账	

此联是汇出行给汇款人的回单

图 2-36

七、委托收款

委托收款是收款人委托银行向付款人收取款项的一种结算方式。单位或个人凭已承兑的商业汇票、债券、存单等付款人债务证明办理款项结算时，公用事业性单位收取水电费等费用时均可采用委托收款结算方式。

委托收款按款项划回方式的不同分成邮寄和电报两种，供收款单位选用。

托收凭证一式五联：

第一联：(格式见图 2-37)受理回单联；

第二联：收款人开户银行贷方凭证；

第三联：付款人开户银行借方凭证；

第四联：汇款依据或收账通知；

第五联：付款人开户银行给付款人的按期付款通知。

委托收款结算方式的相关规定：

① 付款人收到开户行转来的托收凭证，应于收到当日通知银行付款；若付款人在收到付款通知之次日起 3 日内未通知银行付款的，银行视同付款人同意付款，并于第 4 日上午开始营业时，将款项主动划给收款人。

② 付款人无款可付或账户余额不足支付时，应通过开户银行向收款人发出“未付款通知书”，收款人收到“未付款通知书”和相关单证后，应立即与付款人联系协商解决。

③ 付款人审查有关债务证明后，对收款人委托收取的款项需要拒付的，可以在收到托收凭证及债务证明之次日起 3 日内出具“拒绝证明”。对付款人的拒付理由，开户银行不承担审查义务。

【业务 2-13】

2021 年 2 月 1 日，福建晋江电力有限责任公司采用委托收款方式向美芝服饰股份有限公司收取 2021 年 1 月份的电费 21500 元。

附：完成任务所需要的材料：

收款单位：福建晋江电力有限责任公司(账号：3521056000051933)

开户银行：中国工商银行晋江支行(行号：0753)

收款单位开户行公章：

款项收妥日期：2021 年 2 月 1 日

业务处理

晋江电力公司销售部开具收取电费的增值税专用发票，出纳根据税票开具委托收款凭证，委托银行收款并收到银行回单联，如图 2-37 所示。

委电　　**委托收款** 凭证（回单）1　　委收号码 第号

签发日期 2021 年 2 月 1 日

收款人	全　称	福建晋江电力有限责任公司	付款人	全　称	晋江美芝服饰股份有限公司	
	账　号	3521056000051933		账　号	5314010000156997	
	开户银行	中国工商银行晋江支行　行号 0753		开户银行	中国工商银行晋江支行　行号 0753	
委收金额	人民币（大写）	贰万壹仟伍佰元整			千 百 十 万 千 百 十 元 角	¥ 2 1 5 0 0 0 0
款项内容	电费及增值税	委托收款凭证名称	增值税专用发票发票联、抵扣联	附寄单证张数	2	
备注 电　划		款项收妥日期 2021 年 2 月 1 日		收款人开户行盖章 2 月 1 日 （中国工商银行晋江支行 2021.2.1 讫）		

单位主管　　会计　　复核　　记账

收款人开户行给收款人回单联

图 2-37

八、托收承付

托收承付是收款人根据购销合同发货后，委托开户银行向异地付款人收取款项，经付款人同意，付款人开户银行划转款项的一种结算方式。

托收承付按款项划回方式的不同，分成邮寄和电报两种。

托收承付结算凭证一式五联，各联次的格式及用途与委托收款结算凭证相同。其中“回单联或付款通知联”如图 2-39 所示。

托收承付结算方式的相关规定：

① 收、付款双方必须订有符合《经济合同法》的购销合同，并在合同上注明采用托收承付结算方式结算货款。

② 收款人办理托收时，必须具有商品已发运的证件及相关的交易单据，代销、寄销和赊销的商品，不得采用托收承付结算方式进行结算。

③ 采用验单付款或是采用验货付款应在合同中明确规定。采用验单付款的，从付款人开户银行发出付款通知之次日算起，承付期为 3 天；采用验货付款的，从运输部门向付款人发出提货通知之次日算起，承付期为 10 天。如果付款人在银行发出承付通知之次日起 10 日内未收到提货通知的，应在第 10 日告知银行，

未告知银行的，银行视作已经验货，于 10 天期满的次日，将款项划给收款人。

④ 付款人在承付期内全部或者部分拒付，应当填写“拒绝付款理由书”。拒绝付款理由书一式四联，具体格式如图 2-38 所示。

托收承付/委托收款　**结 算**　全部/部分　**拒绝付款理由书** 1 [回单或付款通知]

拒付日期　年月日　　原托收号码：

收款人	全称			付款人	全称												
	账号				账号												
	开户银行		行号		开户银行		行号										
托收金额		拒付金额			部分付款金额	千	百	十	万	千	百	十	元	角	分		
附寄单证		部分付款金额（大写）															
拒付理由：					付款人签章												

图 2-38

银行应当认真审查拒付理由，对理由不充分、手续不齐全，以及超过承付期限的，银行均不予受理。

【业务 2-14】

2021 年 2 月 20 日，吴江恒宇股份有限公司按合同规定向福建著成服饰股份有限公司发运丝光棉 3800 码，含税价为 11.64 元/码，代垫运费(含税)768 元。

吴江恒宇股份有限公司出纳，根据双方签订的购销合同(2021 销 02205 号)、货运清单、增值税专用发票的发票联及抵扣联，开具托收凭证。

附：完成任务所需要的材料：

托收单位：江苏吴江恒宇股份有限公司

账号：9800698011350036；

开户银行：中国农业银行吴江支行(行号：0784)

付款单位：福建著成服饰股份有限公司

账号：6381007258440513；

开户银行：中国农业银行晋江支行(行号：0356)

业务处理

恒宇股份有限公司出纳，通过银行向著成服饰股份有限公司办理托收，并收到“托收承付结算凭证”回单联，如图 2-39 所示。

托 收承付 结 算凭证（回　单）1

邮划□ 电划□　　托收日期 2021 年 2 月 20 日

收款人	全　称	江苏吴江恒宇股份有限公司		付款人	全　称	福建著成服饰股份有限公司	
	账　号	9800 6980 1135 0036			账　号	6381 0072 5844 0513	
	开户银行	中国农业银行吴江支行	行号 0784		开户银行	中国农业银行晋江支行	行号 0356
托收金额	人民币（大写）	肆万伍仟元整				千百十万千百十元角分	¥ 4 5 0 0 0 0 0
款项内容	货款	委托收款凭证名称	增值税专用发票 货运清单		附寄单证张数	2	
商品发运情况	已发货			合同名称号码	2021 销 02205 号		
备注		款项收妥日期　年　月　日			收款人开户行盖章（中国农业银行 吴江支行 2021.2.21 讫）　月　日		

单位主管　会计　　复核　　记账

图 2-39

子项目 5　原始凭证审核

在日常经济业务中，出纳人员经手的原始凭证占很大的比重。原始凭证的审核是会计核算工作的起点，《会计法》对此有明确的规定：

一是会计机构、会计人员应当审核原始凭证，这是法定职责。

二是会计机构、会计人员审核原始凭证应当按照国家统一的会计制度的规定进行。

一、原始凭证审核的内容

1. 合法性审核

① 原始凭证本身的印章是否与单据的种类相符合。比如增值税专用发票、增值税普通发票上是否有“税务专用章”；行政事业单位收费发票上是否有“财政部门监制章”。

② 发票联是否加盖开票单位(或者销售单位)的“发票专用章”、来自个人是

否有填制人员的签名或盖章。

③ 自制原始凭证是否有经办单位领导人或其指定人员的签名或盖章。

④ 对外开出的原始凭证，其发票联是否加盖本单位的“发票专用章”。

⑤ 发票呈现的业务是否以合同为依据。

⑥ 上级部门批准的经济业务是否有上级部门的批准文件。

2. 真实性审核

① 购买实物的原始凭证，是否有验收证明。

② 支付款项的原始凭证，是否有收款单位或收款人的收款证明。

③ 发生销售退回时，退货发票是否附有退货验收证明。

④ 原始凭证上呈现的经济业务发生时间、地点、内容和实际情况是否一致。

⑤ 原始凭证记载的各项内容是否有涂改的痕迹。

3. 完整性审核

① 原始凭证上的每个项目是否都有填列，填列是否完整。

② 原始凭证上的开票人、经办人、经手人或责任人有无遗漏签名或盖章的。

③ 一式几联的发票，是否注明各联的用途(只能以一联作为报销凭证)。

④ 作废的原始凭证是否加盖“作废”戳记，并同存根联一并保存。

⑤ 收回职工所借款项时，是否另开收据或退还收据副本(不得退还原借款收据)。

4. 正确性（或说准确性）审核

① 原始凭证的签字或盖章是否签在或盖在正确的位置。

② 原始凭证的属地、职能是否与加盖的印章相吻合。

③ 原始凭证的内容描述是否准确。

④ 原始凭证的数量是否正确，单价是否正确，金额有无算错，大小写金额是否相符。

提示：

出纳员对原始凭证的审核与费用报销专管员对原始凭证的审核是两个不同的过程。费用报销专管员的审核属于财务管理范畴，而出纳对原始凭证的复核是保证会计核算质量的必要手段，是出纳工作的一个重要步骤。

需要特别指出的是，出纳人员不可以兼管费用报销等审核工作。

二、常见原始凭证的审核要点

1. 支票的审核要点

付款单位：

① 支票仅限于同城或指定票据交换地区使用。

② 支票应由财会人员或使用人员签发，不得提供空白支票给收款人代为签发，不得签发空头支票、印章与预留银行印鉴不符的支票、支付密码错误的支票。

③ 严格控制携带空白支票外出采购，支票签发时未记载收款人名称、未记载出票金额的，可由出票人授权补记。

④ 只能使用蓝黑或碳素墨水填写支票。

⑤ 出票日期小写的，银行不予受理；出票日期大写但不规范的，银行予以受理，因此造成损失，由出票人自行承担。

⑥ 支票金额大小写要一致，大写金额前要标明“人民币”字样，字样与金额之间不得留有空白；小写金额前应标注“￥”符号。

⑦ 支票的用途是否填写，填写的用途是否真实且符合相关规定。

⑧ 支票的日期、金额、收款人是否更改，更改无效。

收款单位：

① 辨别支票的真伪，审阅支票的项目是否填写齐全。

② 支票的日期、金额、收款人是否更改，更改无效。

③ 支票的日期是否在付款期内。

④ 转账支票(现金支票不得背书转让)若有背书转让，应审查背书的连续性。

2. 银行汇票审核要点

收款单位收受银行汇票时应审查以下内容：

① 收款人或最后的被背书人是否为本单位，多次背书的银行汇票背书是否连续。

② 银行汇票和解讫通知是否齐全，汇票号码和记载的内容是否一致。

③ 银行汇票是否在付款期内，银行汇票的日期是否正确无误。

④ 出票金额是否正确无误，大小写金额是否一致，是否有压数机压印的出票金额。

⑤ 出票人的签章是否符合规定，必须记载的事项是否齐全。

⑥ 日期、金额、收款人名称是否更改，更改的其他记载事项是否由原记载人签章证明。

提示：银行本票的审核要点与银行汇票的审核要点基本相同。

3. 购货发票的审核要点

对于各种“购货(物)发票”，财会部门应审查以下内容：

① 购货(物)是否经过单位负责人或有关主管部门批准，是否按规定流程进行。

② 发票是否套印销货单位所在地税务部门的“发票监制章”。

③ 销货单位是否在发票上加盖了"发票专用章"或"财务专用章"。

④ 购货单位(抬头)是否为本单位。

⑤ 发票上的日期有无填写，填写的日期是否正确。

⑥ 商品名称、型号、规格、数量、单价、金额是否正确，是否与"货物入库单"一致。

⑦ 发票的开票人、采购经办人是否在发票上签字或盖章。

⑧ 货物购买人、验收人是否在"货物入库单"上签字或盖章。

4. 借款单的审核要点

对企业内部员工前来借款时提供的借款单，财会部门应审查以下内容：

① 借款单上有无单位领导"同意借款"的意见以及领导的签名或盖章。

② 借款人与所属部门是否相符，部门主管有无签名或盖章。

③ 借款的理由是否成立。

④ 借款的额度是否合理，大小写金额有无涂改痕迹。

⑤ 借款单上列示的项目是否填写齐全，内容是否正确。

5. 差旅费报销单的审核要点

企业出纳人员应对"差旅费报销单"及所附单据进行认真审核，审核的内容主要有：

① 出差是否经单位同意，报销单是否经有关领导签字同意。

② 报销单上是否填写出差事由、报销时间。

③ 报销单上是否填列车、船、飞机等交通工具及交通费用金额，住宿费用金额，市内交通费补贴金额，出差补贴金额以及其他项目金额。

④ 各项目的报销金额是否在相关部门及本单位财务制度规定的报销标准和开支范围内，各项目的报销金额是否填写正确，各项金额合计数是否计算无误。

⑤ 报销人员是否签章。

对"差旅费报销单"所附原始凭证，出纳应审核以下内容：

① 附件是否真实、合法，报销单上的附件张数填写是否正确。

② 附件的金额是否正确，附件各项目所列金额与报销单上同类项目的金额是否相符。

三、对原始凭证审核结果的处理

① 对不真实不合法的原始凭证，财务部门不予受理，并向单位负责人报告。

② 对真实合法但内容不完整，填写有错误的原始凭证，退回给经办人，如果是手续不齐全的补齐手续，如果是单据有错误的，由经办人要求原开票单位重开或更正。

【业务 2-15】

江苏恒宇公司销售科职员陈村胜于 2020 年 12 月 3 日至 4 日到上海出差，代表公司参加上海市冬季商品展销会。发生的差旅费用包括往返上海的两张大巴车票，每张均为 45 元，住宿发票一张，在上海住宿一晚 300 元，市内打车的车票二张，均为 25 元。按企业财务制度规定，到上海出差，每天补贴 100 元。

陈村胜于 12 月 5 日，开具一张差旅费报销单，如图 2-40 所示，出纳审核后支付现金人民币 640 元。

江苏恒宇差旅费报销单

部　门：销售科　　填报日期：2020 年 12 月 5 日

姓　名		陈村胜		出 差 地 点	上海				出差日期	自 2020 年 12 月 3 日		
事　由		参加上海市冬季商品展销费								至 2020 年 12 月 4 日		
日　期		起讫地点		交通费用		住宿费用			出差补贴			杂费
月	日	起	讫	类别	金额	日数	标准	金额	日数	标准	金额	市内交通
12	3	吴江	上海	同意报销	40.00	1	300.00	300.00	2	100.00	200.00	50.00
12	4	上海	吴江		40.00							
以上单据共 4 张，总计人民币（大写）陆佰肆拾元整　¥640.00												
部门主管			财务审核			填报	陈村胜		报销		（签　章）	

图 2-40

江苏恒宇公司“财务审核”的身份，审核“差旅费报销单”，列出审核所发现的问题。

业务处理

经审查，该“差旅费报销单”存在下列问题：

① 单位负责人签署了“同意报销”的意见，但没签名或盖章。

② 交通费用中的“类别”没有填写。

③ 出纳以现金 640 元支付差旅费用，但没有加盖“现金付讫”章。

④ 附件张数算错，应为 5 张(两张大巴车票、一张住宿发票，二张市内打车的车票)。

⑤ 部门主管没有签名或盖章。

项目三 现金收付业务

学习目标

1. 熟悉并严格遵守现金管理的各项法规制度。
2. 熟悉现金收付业务的处理程序，并严格按程序处理现金收付业务。
3. 熟练编制现金收付业务的记账凭证。
4. 熟练登记库存现金日记账。

子项目 1 现金管理制度

企业必须按照《现金管理暂行条例》和《现金管理暂行条例实施细则》的规定，加强对库存现金的管理。

一、库存现金的使用范围

① 职工工资、各种工资性津贴。
② 个人劳动报酬。
③ 根据国家规定发给个人的科技、文艺、体育等各种奖金。
④ 各种劳保、福利费用以及国家规定的对个人的其他支出。
⑤ 向个人收购农副产品及其他物资的价款。
⑥ 出差人员必须随身携带的差旅费。
⑦ 转账结算起点(1000 元)以下的零星开支。
⑧ 中国人民银行确定需要支付现金的其他支出。

二、库存现金的收取范围

① 从银行提取备用金。

② 单位或职工交回的赔偿款、备用金退还款、差旅费余款等。

③ 收取不能转账的单位或个人的销售收入。

④ 转账结算起点(1000 元)以下的小额收入。

三、库存现金限额

库存现金限额是企业按银行现金管理规定，与开户银行协商核定的库存现金最高额度，一般为企业 3~5 天的日常零星开支额，边远或交通不便地区可适当放宽，但最多也不得超过企业 15 天的日常零星开支额。

$$\frac{\text{上月(或某月)现金支出合计数}-\text{付现的差旅费}-\text{付现工资额}}{\text{库存现金限额计划数}}\times\text{天数 }30$$

凡在银行开户的独立核算单位都要核定库存现金限额；独立核算的附属单位，由于没有在银行开户，但需要保留现金，也要核定库存现金限额，其限额可包括在其上级单位库存限额内；商业企业的零售门市部需要保留找零备用金，其限额可根据业务经营需要核定，但不包括在单位库存现金限额之内。

库存现金限额一般每年核定一次，单位因生产和业务发展、变化需要增加或减少库存限额时，可向开户银行提出申请，经批准后，方可进行调整，单位不得擅自超出核定限额增加库存现金。

四、不得“坐支”现金

所谓“坐支”现金，是指企业从现金收入中直接支付现金的行为。企业使用现金可以从开户银行提取，也可以从库存现金限额中支付。

各单位现金收入应于当日送存银行，如当日确有困难，由开户单位确定送存时间，如遇特殊情况需要坐支现金，应该在现金日记账上如实反映坐支情况，并同时报告开户银行，便于银行对坐支金额进行监督和管理。

附：有价证券的管理

常见的有价证券包括国库券、国家重点工程建设债券、金融债券、企业债券等。

由于有价证券的持券人到期可以凭借有价证券到指定地点兑换货币资金，有价证券未到期时，也可以将其抵押、转让，因此有价证券有与现金类似性质，与现金保管原则相同。

出纳人员应设置备查簿登记有价证券的购入、抵押或转让、到期兑换等业务。

【业务 3-1】

某企业上月现金支出合计 93600 元，上月以现金支付差旅费 27300 元，企业的工资通过转账支付，开户银行核定该企业库存现金限额为 8000 元。

请问银行核定的库存现金限额符合有关规定吗？

业务处理

经计算：

该企业库存现金限额的最低计划数＝(93600－27300)÷30×3＝6630(元)

该企业库存现金限额的最高计划数＝(93600－27300)÷30×5＝11050(元)

银行核定的库存现金限额 8000 元，介于 6630 元和 11050 元之间，符合规定。

五、对违反现金管理制度行为的处罚

开户单位如果违反《现金管理暂行条例》的规定，开户银行有权责令其停止违法行动，并根据情节的轻重给予警告或罚款。

(一) 开户单位有下列行为的，给予警告或罚款

① 超出规定范围和限额使用现金的，按超过额的 10%至 30%处罚。

② 超出核定库存现金限额留存现金的，按超出额的 10%至 30%处罚。

③ 用不符合财务制度规定的凭证顶替库存现金(即白条顶库)的，按凭证额的 10%至 30%处罚。

④ 未经批准坐支或未按开户银行核定坐支额度和使用范围坐支现金的，按坐支金额的 10%至 30%处罚。

⑤ 单位之间相互借用现金的，按借用金额的 10%至 30%处罚。

(二) 开户单位有下列行为的，一律处以罚款

① 保留账外公款的，按保留金额的 10%至 30%处罚。

② 对现金结算给予比转账结算优惠待遇的，按交易额的 10%至 50%处罚。

③ 只收现金拒收支票、银行本票、银行汇票的，按交易额的10%至50%处罚。

④ 开户单位不采取转账结算方式购置国家规定的专项控制商品的，按购买金额的50%至全额对买卖双方进行处罚。

⑤ 用转账凭证套取现金的，按套取金额的30%至50%处罚。

⑥ 编造用途套取现金的，按套取金额的30%至50%处罚。

⑦ 利用账户替其他单位或个人套取现金的，按套取金额的30%至50%处罚。

⑧ 将单位现金收入以个人储蓄方式存入银行的，按存入金额的30%至50%处罚。

⑨ 发行变相货币和以票券代替人民币流通的，按发行额或流通额的30%至50%处罚。

开户单位对开户银行做出的处罚决定不服的，必须先按处罚决定执行，然后在十日内向当地人民银行申请复议；开户单位对人民银行做出的复议决定不服的，可自收到复议决定之日起三十日内向人民法院起诉。

【业务3-2】

2020年11月6日，某企业出纳将当日向农业生产者销售农药、收到的货款35000元，未存入银行，直接用于材料采购。

请问，这是什么违规行为？

开户银行对此行为处以10500元的罚款，企业不服拒绝执行，并于第2日向当地人民银行申请复议。

请问，企业应对罚款的做法是否正确？如果企业对当地人民银行复议决定还不服的，又应当怎样应对。

业务处理

企业的违规行为是“坐支”。

企业不服开户银行的处罚决定，于第2日向当地人民银行申请复议是正确的，但是没有先按处罚的决定执行是错误的，违规的。

企业应立即执行开户银行的决定，如果企业对当地人民银行复议决定还不服的，可以自收到复议决定之日起三十日内向人民法院起诉。

子项目 2　现金收付业务的处理程序

一、现金收入业务的处理程序

企业现金收入业务包括一般现金收入业务和从银行提取现金业务。

（一）一般现金收入业务的处理程序

一般现金收入业务是指出纳人员直接收取其他单位、部门或个人交来的现金业务。一般现金收入业务的处理程序包括：

① 确定收款业务是否符合国家的有关制度和规定，决定是否受理收款业务。

② 决定受理收款业务后，当面清点，收款现金。

③ 若由付款方提供收款的原始凭证，应审查该原始凭证的合法性、合理性、正确性，确认无误后，在原始凭证上加盖“现金收讫”戳记；若由收款方开具收款收据或相关原始凭证，出纳收款后应马上开具，并在收款收据或相关原始凭证上加盖“现金收讫”戳记。

④ 根据收款收据及相关原始凭证填制现金“收款凭证”。

⑤ 根据审核无误的现金“收款凭证”登记“库存现金日记账”。

（二）从银行提取现金业务的处理程序

为了满足日常零星开支的需要，企业可以根据现金管理的有关规定，从银行提取现金。从银行提取现金业务的处理程序包括：

① 准确填写现金支票。

② 提交现金支票给开户银行。

③ 取到现金后，当场清点，确认无误后方可离开银行。

④ 确保从银行到企业途中的现金安全。

⑤ 回到企业，取款人是出纳人员的，应及时将现金存入保险柜内；取款人不是出纳人员的，应及时将取回的现金交给出纳，出纳当面清点，确认无误后存入保险柜内。

⑥ 根据现金支票存根编制银行存款的“付款凭证”。

⑦ 根据审核无误的银行存款“付款凭证”登记“库存现金日记账”。

【业务3-3】

某企业为新招聘职工提供免租金宿舍，职工入住时验收宿舍内的家具，确定完好无损，职工应到出纳处交纳300元押金，将来退出宿舍时，家具若完好无损，全额退还押金，若有损坏，酌情赔偿。

新职工李某2020年10月9日入住新宿舍，确定家具完好无损后，到出纳处交纳押金，请描述出纳办理现金收入业务的处理程序。

业务处理

出纳办理现金收入业务的处理程序如下：

① 查看宿舍家具明细表，核对宿舍编号、员工姓名、家具种类与数量是否正确，查看员工与宿舍管理人员是否在明细表上签字或盖章。

② 清查李某交纳的300元现金，并查看有无假钞，确认无误后，存入保险柜。

③ 出纳开具收款收据，请李某在收据上(每一联)相应的项目上签字或盖章，出纳在收款收据的记账联上加盖"现金收讫"章。

④ 根据收款收据编制记账凭证。

⑤ 根据记账凭证及其所附的原始凭证将本业务登入"库存现金日记账"。

二、现金支出业务的处理程序

企业现金支出业务包括一般现金支出业务和向银行送存现金业务。

(一) 一般现金支出业务的处理程序

一般现金支出业务是指出纳人员将现金支付给收款单位或个人的业务。一般现金支出业务的处理程序包括：

① 确定现金支付是否符合国家的有关制度和规定，决定是否受理现金支付业务。

② 决定受理后，检查有关原始凭证是否齐备。

③ 支付现金，要求收款人当面清点。

④ 在审核无误的付款凭证上加盖"现金付讫"的戳记。

⑤ 根据付款单据及相关原始凭证填制现金"付款凭证"。

⑥ 根据审核无误的现金"付款凭证"登记"库存现金日记账"。

(二) 向银行送存现金业务的处理程序

对日常收取的现金以及超过库存现金限额的现金，应及时送存开户银行。向银行送存现金业务的处理程序包括：

① 清点整理票币。

② 填写“现金缴款单”。

③ 向银行提交“现金缴款单”和整点好的票币。

④ 取回银行退还的“现金缴款单”回单联，现场检查回单联上是否有银行加盖的“现金收讫”或“业务清讫”章。

⑤ 根据现“现金缴款单”回单联编制现金“付款凭证”。

⑥ 根据审核无误的现金“付款凭证”登记“库存现金日记账”。

【业务 3-4】

光海公司总务科刘某于 2020 年 11 月 8 日，持一张增值税普通发票报销由其个人垫支的办公用品费 96 元，出纳以现金付讫。请描述出纳办理现金支出业务的处理程序。

业务处理

出纳办理现金收入业务的处理程序如下：

① 确认办公用品已验收入库或交付有关部门使用。

② 若办公用品已验收无误，则审核提供的增值税普通发票是否正确无误。

③ 若增值税普通发票正确无误，则出纳支付现金，刘某当面清点。

④ 出纳在增值税普通发票上加盖“现金付讫”戳记。

⑤ 根据审核无误的增值税普通发票编制记账凭证。

⑥ 根据审核无误的记账凭证及其所附的增值税普通发票登记“库存现金日记账”。

子项目 3　编制现金收付款记账凭证

一、编制现金收款凭证

记账凭证按用途的不同可以分成专用记账凭证（即收款凭证、付款凭证和转账凭证）和通用记账凭证。如果企业采用通用记账凭证，则现金收款业务应编制通用记账凭证，如果企业采用专用记账凭证，则现金收款业务应编制现金收款凭证。

现金收款凭证的编制依据：审核无误的现金收款业务原始凭证。

现金收款凭证的编制程序与方法：

① 选取空白的收款凭证。

② 在收款凭证的左上角“借方科目”栏填写“库存现金”。

③ 在收款凭证“年 月 日”栏填写办理现金收款业务的日期。

④ 记账凭证编号：

总字编号法：即所有记账凭证不分业务内容按顺序编号，如某项业务在全部经济业务中属于第 18 笔业务，则编“总第 18 号”。

三类编号法：即收款业务、付款业务、转账业务分别顺序编号。如某项收款业务在全部收款业务中属于第 5 笔业务，则编“收第 5 号”。

五类编号法：即现金收款业务、现金付款业务、银行收款业务、银行付款业务、转账业务分别顺序编号，如某项业务在全部现金收款业务中属于第 2 笔业务，则编“现收第 2 号”。

此外，一笔经济业务如果要填制一张以上的记账凭证时，可采用分数编号法。

⑤ 摘要填写应当真实、清楚、详略得当。一般而言，对常规业务要简明扼要，对特殊业务则要表述得详细些。

⑥ 正确填写收款凭证的贷方科目，包括总账科目和明细科目。

⑦ 金额要对准相应的贷方科目行次，规范书写。合计栏的金额前要加人民币符号“￥”。

⑧ 无汇总类原始凭证的，附件张数按原始凭证的实际张数填写；有汇总类原始凭证如原始凭证汇总表的，既可以按实际张数填写附件张数，也可将原始凭证汇总表作为记账凭证的附件张数，而将被汇总的原始凭证张数作为原始凭证汇总表的附件张数。

当一张或几张原始凭证涉及几笔经济业务时，可将其附在主要经济业务的记账凭证后面，并在摘要栏注明“本记账凭证的附件包括××号记账凭证的经济业务”，在次要经济业务的记账凭证上则注明“本经济业务的原始凭证附在××号记账凭证后面”。

⑨ 制单员填制完记账凭证要签章；涉及收付款业务的出纳员要签章；审核完的审核员要签章；过完账的记账员要签章；会计主管最后把关，签章负责。

【业务 3-5】

图 3-1 所呈现的经济业务为著成服饰本月第 31 笔经济业务，第 7 笔收款业务，请根据原始凭证图 3-1 编制一张收款凭证。

收 款 收 据

日期：2020 年 9 月 18 日　　　　NO：2090125

付款单位或个人：刘文贤	收据联
收款事由：收回预借差旅费余款 240 元。（预借 1000.00 元，报销 760 元）	
金额（大写）：人民币贰佰肆拾元整　现金收讫　¥ 240.00	

收款单位（章）　　　　出 纳：黄洋洋

图 3-1

业务处理

专用记账凭证编制完毕，详见图 3-2。

收款凭证

总第 31 号
收第 7 号

借方科目：库存现金　　2020 年 9 月 18 日

摘 要	贷方科目		过账	金额									
	总账科目	明细科目		千	百	十	万	千	百	十	元	角	分
收回差旅费预借款余款	其他应收款	刘文贤							2	4	0	0	0
附件 1 张	合 计							¥	2	4	0	0	0

会计主管记账　　出纳：　　审核：黄洋洋　　制单：黄洋洋

图 3-2

说明：记账凭证编完但尚未审核，所以审核人员未签章；尚未记账，所以“过账”处未打“✓”，记账人员未签章；手续没有全部办理完毕，所以会计主管未签章。

二、编制现金付款凭证

现金付款凭证的编制依据：审核无误的现金付款业务原始凭证。

提醒：涉及库存现金与银行存款的划转业务，只编付款凭证。如现金存入银行，企业存款增加，现金减少。企业只编库存现金的付款凭证，不编银行存款的收款凭证。

现金付款凭证的编制程序与方法：

① 选取空白的付款凭证。

② 在付款凭证的左上角“贷方科目”栏填写“库存现金”。

③ 在付款凭证“年 月 日”栏填写办理现金付款业务的日期。

④ 记账凭证编号：

可能涉及的编号方法有总字编号法、三类编号法、五类编号法、分数编号法。

如第 3 笔现金付款业务在全部付款业务中属于第 11 笔业务，采用三类编号法时，应编“付第 11 号”；采用五类编号法时：则应编“现付第 3 号”。

⑤ 正确填写付款凭证的借方科目，包括总账科目和明细科目。

⑥ 金额要对准相应的借方科目行次，规范书写。合计栏的金额前要加人民币符号“￥”。

此外付款凭证“摘要的填写、附件张数的计算、经办人员签章”等，与现金收款凭证同一项目所阐述的内容相一致。

【业务 3-6】

著成服饰本月第 38 笔经济业务、第 9 笔付款业务、第 1 笔现金付款业务的单据如图 3-3 所示，该企业专用凭证采用五类编号法，请根据图 3-3 编一张付款凭证。

福建省医疗机构门诊收费票据　　No. 0205344

注册号码：闽财（2020）票字第 38 号

姓　名：秦少阳　门诊号：

流水号：　保险号：　　2020 年 9 月 20 日

电脑打印手写无效

项目	金额	项目	金额	备注
化验费	108.00			个人医疗账户支付：
挂号费	1.50			统筹基金支付：
诊查费	5.00			自　付：
西药费	214.00			付款方式：现　金：✓
同意全部报销				转　账：
合计人民币（大写）：叁佰贰拾捌元伍角整￥328.50				

第一联：收据

医疗单位收费：　开票卡号：　复核：　经办：陈金婵

（收费单位未盖章无效）

图 3-3

业务处理

专用记账凭证编制完毕，详见图 3-4。

付款凭证

总第 38 号

贷方科目：库存现金　　2020 年 9 月 20 日　　现付第 1 号

摘要	借方科目		过账	金额									
	总账科目	明细科目		千	百	十	万	千	百	十	元	角	分
职工报销医药费	应付职工薪酬	福利费（医药费）							3	2	8	5	0
附件 1 张	合计							¥	3	2	8	5	0

会计主管记账　　出纳：　　审核：黄洋洋　　制单：黄洋洋

图 3-4

说明：记账凭证编完但尚未审核，所以审核人员未签章；尚未记账，所以“过账”处未打“✓”，记账人员未签章；手续没有全部办理完毕，所以会计主管未签章。

子项目 4　审核现金收付款记账凭证

现金收付款业务的记账凭证是出纳登记库存现金日记账的直接依据，为了确保库存现金日记账的真实可靠，在登账之前必须指定专人对现金收付款凭证进行严格的审核。

审核要点：

① 现金收付款业务的记账凭证上的附件张数与所附原始凭证的实际张数是否一致。

② 如果采用专用记账凭证，所选取的专用记账凭证类别(收、付、转)是否正确。

③ 记账凭证上的“年 月 日”栏填写的日期是否正确。

④ 记账凭证上的编号是否正确。

⑤ 记账凭证上的摘要与原始凭证所反映的内容是否一致。

⑥ 记账凭证上的会计分录(包括科目、方向、金额)是否正确。

⑦ 记账凭证上的项目是否填列齐全，有关人员是否已按规定进行签名或盖章。

审核结果的处理：

如果审核结果发现记账凭证编制有误，该记账凭证还没有登账，则应将该记账凭证作废，重新编制一张正确的记账凭证。

如果审核结果证实记账凭证编制有误，但已登记入账，则应按照错账的类型进行处理，不能将错误的记账凭证直接作废。

【业务 3-7】

福建移动通信公司泉州分公司出纳根据审核无误现金支票存根（见图 3-6）编制库存现金收款凭证（见图 3-5），请审核所编的“库存现金收款凭证”，并提出处理意见。

收款凭证

总第 19 号

借方科目：库存现金　　2020 年 9 月 30 日　　收第 03 号

摘要	借方科目		过账	金额									
	总账科目	明细科目		千	百	十	万	千	百	十	元	角	分
提现备用	银行存款						3	5	8	0	0	0	
附件 1 张	合计						3	5	8	0	0	0	

会计主管　　记账　　出纳　　审核　　制单

图 3-5

中国工商银行
现金支票存根
10372068
03561715

附加信息

出票日期 2020 年 9 月 10 日

收款人：福建移动通信公司泉州分公司

金额：¥3 580.00

用途：日常备用

单位主管：蒋家印兴　　会计：李星

图 3-6

业务处理

经审核，发现该收款凭证存在下列问题：

① 从银行提取现金，应当编制“付款凭证”，而不是“收款凭证”。

② 记账凭证上的时间，与原始凭证上的时间不相符，现金收付款业务应以办理业务的时间作为记账凭证的填制日期。也就是说现金收付款业务应在业务完成时编制记账凭证。而计提类的业务可以在月末编制记账凭证。

③ 记账凭证的合计金额栏前没有加人民币符号“￥”。

④ 记账凭证上的空白行没有划线注销。

⑤ 记账凭证已编制完成，制单却没签字；本业务涉及出纳，出纳也没有签字。

对审核结果的处理意见：由于该记账凭证尚未入账，应先作废，然后重新编制一张正确的记账凭证即银行存款的付款凭证。

子项目 5 登记库存现金日记账

库存现金日记账是特种日记账的一种，它是以单笔现金收、付业务为记录单位，按时间的先后顺序逐日逐笔登记的账簿。

记账人员：单位出纳。

记账依据：审核无误的现金收款凭证、现金付款凭证以及提取现金时的银行付款凭证。

账簿选用：外表形式为订本式，账页格式一般采用三栏式（少数企业采用多栏式）。

记账方法：按单笔经济业务发生的先后顺序，逐日逐笔进行登记。

① 日期栏：将记账凭证上的日期抄录过来，如图 3-7 中①所示。

② 凭证栏：登记记账凭证上的种类和号数（有的只记号数），如图 3-7 中②所示。

③ 票据号数栏：将原始凭证上的号数抄过来，如图 3-7 中③所示。

④ 摘要栏：将凭证中库存现金科目对应的摘要抄录过来，若凭证中库存现

金科目无对应摘要，或因账页空间与凭证空间不一致的，也可另写摘要，如图3-7中④所示。

⑤ 金额栏：借方金额或贷方金额直接抄录记账凭证中库存现金科目对应的金额，如图3-7中⑤所示。

⑥ 登账完毕，在记账凭证的“过账”处打“√”，记账员在记账凭证上签章。

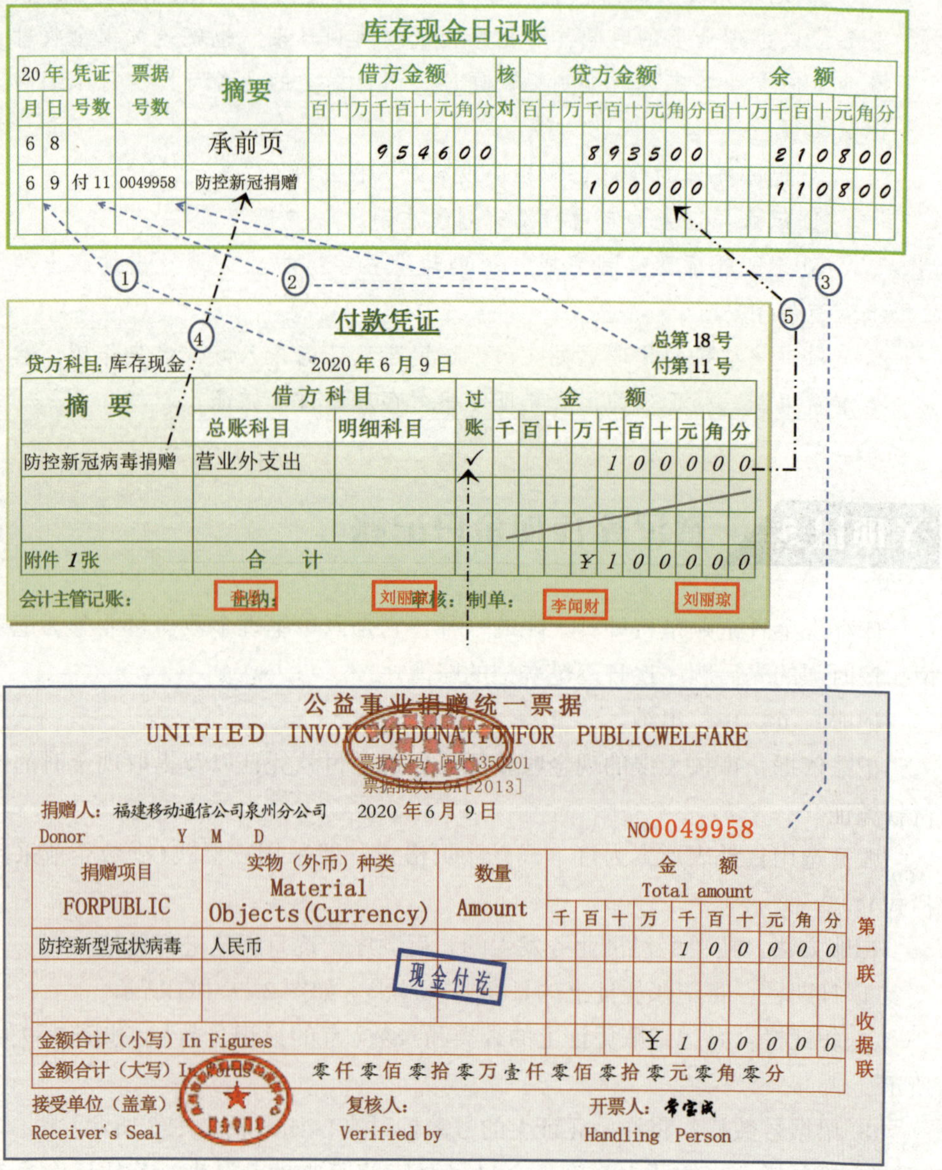

库存现金日记账

20年 月	日	凭证号数	票据号数	摘要	借方金额（百十万千百十元角分）	核对	贷方金额（百十万千百十元角分）	余额（百十万千百十元角分）
6	8			承前页	954600		893500	210800
6	9	付11	0049958	防控新冠捐赠			100000	110800

付款凭证

贷方科目：库存现金　　2020年6月9日　　总第18号　付第11号

摘要	借方科目 总账科目	明细科目	过账	金额（千百十万千百十元角分）
防控新冠病毒捐赠	营业外支出		✓	100000
附件 1张	合计			¥100000

会计主管　记账：李闻　出纳：刘丽琼　审核：　制单：李闻财　刘丽琼

公益事业捐赠统一票据

UNIFIED INVOICE OF DONATION FOR PUBLIC WELFARE

票据代码：闽财350201

票据批次：OA[2013]

捐赠人：福建移动通信公司泉州分公司　2020年6月9日

Donor　Y M D

NO0049958

捐赠项目 FORPUBLIC	实物（外币）种类 Material Objects(Currency)	数量 Amount	金额 Total amount（千百十万千百十元角分）
防控新型冠状病毒	人民币		100000
金额合计（小写）In Figures			¥100000
金额合计（大写）In Words	零仟零佰零拾零万壹仟零佰零拾零元零角零分		

现金付讫

第一联 收据联

接受单位（盖章）：Receiver's Seal　复核人：Verified by　开票人：李宝成 Handling Person

图3-7

⑦ 每日终了，根据账簿记录计算出当天余额，并与实际库存现金相核对(日清)。在图 3-7 中，该企业 2020 年 6 月 9 日现金的账面余额 = 2108.00 - 1000.00 = 1108.00(元)。

库存现金日记账能够逐日反映企业现金的收入、付出和结存情况，方便与实际库存现金的核对，有利于确保企业库存现金的账实相符。

【业务 3-8】

请根据审核无误的“总第 19 号、付第 12 号”(详见图 3-9)记账凭证及其所附的原始凭证(详见图 3-8)登记库存现金日记账。

中国工商银行
现金支票存根
10372068
03561715

附加信息

出票日期 2020 年 9 月 10 日

收款人：福建移动通信公司泉州分公司

金额：¥3 580.00

用途：日常备用

单位主管：蒋家印兴　　会计：李星

图 3-8

付款凭证

总第 19 号
付第 12 号

贷方科目：银行存款　　2020 年 6 月 10 日

摘要	借方科目		过账	金额									
	总账科目	明细科目		千	百	十	万	千	百	十	元	角	分
提现备用	库存现金							3	5	8	0	0	0
附件 1 张	合　计						¥	3	5	8	0	0	0

会计主管　　记账　　出纳 刘丽琼　　审核 李闻财　　制单 刘丽琼

图 3-9

业务处理

详见图 3-10 和图 3-11。

库存现金日记账

20年		凭证	票据	摘要	借方金额									核	贷方金额									余额								
月	日	号数	号数		百	十	万	千	百	十	元	角	分	对	百	十	万	千	百	十	元	角	分	百	十	万	千	百	十	元	角	分
6	8			承前页				9	5	4	6	0	0					8	9	3	5	0	0				2	1	0	8	0	0
6	9	付11	0049958	防控新冠捐赠														1	0	0	0	0	0				1	0	0	0	0	0
6	10	付12	支票 01372068	提取现金备用				3	5	8	0	0	0														4	5	8	0	0	0

图 3-10

付款凭证

总第19号

贷方科目：银行存款　　2020年6月10日　　付第12号

摘要	借方科目		过账	金额									
	总账科目	明细科目		千	百	十	万	千	百	十	元	角	分
提现备用	库存现金		✓					3	5	8	0	0	0
附件 1张	合计						¥	3	5	8	0	0	0

会计主管　　记账 李星　　出纳 刘丽琼　　审核 李闻财　　制单 刘丽琼

图 3-11

请同学观察一下，图 3-11 和图 3-8 区别在哪里？它们是两张不同的记账凭证吗？它们是什么关系？

项目四 银行存款收付业务

学习目标

1. 熟悉并严格遵守银行存款管理的各项法规制度。
2. 熟悉银行存款收付业务的处理程序，并严格按程序处理存款收付业务。
3. 熟练编制银行存款收付业务的记账凭证。
4. 熟练登记银行存款日记账。
5. 熟练处理网上银行结算业务和第三方支付平台结算业务。

子项目 1 银行存款管理制度

银行存款是单位存放在银行或其他金融机构的货币资金，包括人民币存款和外币存款。国家为了确保金融安全，单位为了确保存款安全，都需要加强对银行存款的管理。

一、银行结算账户种类和开户规定

银行结算账户分为基本存款账户、一般存款账户、临时存款账户和专用存款账户。

1. 基本存款账户

单位只能选择一家银行的一个营业机构开立一个基本存款账户，用于办理日常转账结算和现金收付。单位的工资、奖金等现金的支取只能通过基本存款账户办理。

单位开立或注销基本存款账户，必须向中国人民银行分支机构申报。

2. 一般存款账户

一般存款账户是存款人因借款或其他结算需要，在基本存款账户的开户银行以外的银行营业机构开立的银行结算账户。

开立一般存款账户，实行备案制，无须中国人民银行核准，且没有数量限制。

一般存款账户可以办理转账结算和现金缴存，但不能办理现金支取。

3. 临时存款账户

临时存款账户是存款人因临时需要并在规定期限内使用而开立的银行结算账户。因异地临时经营活动需要时，可以申请开立异地临时存款账户，用于资金的收付。

临时账户的开户数量，相关的法规有明确规定：

① 临时机构只能在其驻地开立一个临时存款账户，不得开立其他银行结算账户；

② 在异地从事临时活动的存款人，只能在其临时活动地开立一个临时存款账户；

③ 建筑施工及安装单位企业在异地同时承建多个项目的，可以根据建筑施工及安装合同开立不超过项目合同个数的临时存款账户。

临时存款账户可以办理转账结算和根据国家现金管理的规定办理现金收付，但注册验资的临时存款账户，在验资期间只收不付。

4. 专用存款账户

专用存款账户是指存款人对有特定用途资金进行专项管理和使用而依法开立的银行结算账户。

专用存款账户用于办理各项专用资金的收付。针对不同的专用资金，使用范围也不同。

① 单位银行卡账户的资金必须由其基本存款户转账存入，该账户不得办理现金收付。

② 财政预算外资金、证券交易结算资金、期货交易保证金和信托基金专用存款账户，不得支取现金。

③ 基本建设资金、更新改造资金、政策性房地产开发资金，应在开户时报中国人民银行批准。

④ 粮、棉、油收购资金、社保基金、住房基金、党团公会经费等专用存款可支出现金。

⑤ 收入汇缴账户，只收不付，不得支取现金。业务支出账户，只付不收，可支出现金。

二、银行账户使用的规定

企业使用银行账户时，必须遵守有关规定：

① 严格执行国家的法律、法规，遵守银行信贷、结算、现金管理的有关规定。

② 企业账户不得代其他单位或个人存取现金，不得外借或出租银行账户。

③ 加强对支票管理，对空白支票领用、注销必须有严格的手续，不得签发空头支票。平时开出支票尽量避免跨月支取；年终开出支票必须当年支取。

④ 企业收付款结算凭证应如实填明款项的来源或用途，以方便银行监督。

⑤ 出纳应定期与银行核对账目，按月编制银行存款余额调节表，防止错账、乱账，确保账实相符。

⑥ 银行账户管理人员应确保账户信息安全，未经批准，严禁对外提供与账户相关的任何信息。

⑦ 企业应依法配合银行的监督检查，出纳等财务人员应及时提供有关账户使用的资料。

三、支付结算必须遵守的原则

单位、个人和银行办理支付结算时，必须遵守如下原则：

① 恪守信用，履约付款的原则。

② 谁的钱进谁的账，由谁支配的原则。

银行在办理结算时，必须按照存款人的委托，将款项支付给其指定的收款人；对存款人的资金，除国家法律另有规定外，必须由其自由支配。

③ 银行不垫款原则。即银行在办理结算过程中，只负责办理结算当事人之间的款项划拨，不承担垫付任何款项的责任。

【业务 4-1】

某企业出纳开出一张现金支票，拟从企业的一般存款账户提取现金10 万元，用于发放工资。请问银行会同意吗？无论是否同意，请阐明理由。

业务处理

银行如果认真审查，是不会同意的，因为：

① 一般存款账户不能办理现金的支取。

② 单位的工资、奖金等现金的支取只能通过基本存款账户办理。

子项目 2　银行存款收付业务的处理程序

一、银行存款收入业务的处理程序

按结算方式的不同，银行存款收入可通过支票、银行汇票、银行本票、商业汇票、汇兑、委托收款、托收承付、信用卡等各种结算方式获得。

（一）支票结算收款方的业务处理程序

支票自出票之日起算，提示付款期为 10 天，超过提示付款期的，持票人开户行不予受理，付款人不予付款。支票收款方的业务处理程序如下：

① 依据国家财经法规和企业财务制度审核支票。

② 确定支票合法合规后，在支票背面背书。

③ 填写进账单。

④ 将支票及进账单送交开户银行。

⑤ 根据进账单的回单联填制银行存款的“收款凭证”。

⑥ 根据审核无误的银行存款“收款凭证”登记“银行存款日记账”。

（二）银行汇票结算收款方的业务处理程序

银行汇票自出票之日起算，提示付款期为 1 个月，银行汇票收款方的业务处理程序如下：

① 销售部门从购货方取得银行汇票及解讫通知后，交给财会部门。

② 出纳人员审核银行汇票（详见项目二子项目 5 的“银行汇票审核要点”）。

③ 出纳人员根据发票等单据提供的信息，在银行汇票和解讫通知上填写实际结算金额和多余金额。

④ 出纳人员填写进账单，在进账单的第二联上加盖预留银行的印章，在银行汇票背面“持票人向银行提示付款签章”处签章。

⑤ 出纳将银行汇票、解讫通知、进账单一并提交开户银行。

⑥ 根据进账单的回单联填制银行存款“收款凭证”。

⑦ 根据审核无误的银行存款“收款凭证”登记“银行存款日记账”。

（三）银行本票结算收款方的业务处理程序

银行本票自出票之日起算，提示付款期最长不得超过 2 个月，银行本票收款方的业务处理程序如下：

① 销售部门从购货方取得银行本票后，交给财会部门。

② 出纳人员审核银行本票（详见项目二子项目 5 的“银行本票审核要点”）

③ 出纳人员填写进账单，在进账单的第二联上加盖预留银行的印章，在银

行本票背面“持票人向银行提示付款签章”处签章。

④ 出纳将银行本票、进账单一并提交开户银行。

⑤ 根据进账单的回单联填制银行存款“收款凭证”。

⑥ 根据审核无误的银行存款“收款凭证”登记“银行存款日记账”。

(四) 商业汇票结算收款方的业务处理程序

商业汇票的付款期最长不得超过 6 个月，而提示付款期则为到期日起 10 日内。商业汇票收款方的业务处理程序如下：

① 收款方销售人员从购货方取得商业汇票后，交给财会部门。

② 财会部登记应收票据备查账簿(备查簿的账页格式见图 4-1)，在票据到期前妥善保管好商业汇票。

应收票据备查账簿

第 页

购货单位	交易合同号	记账凭证号	票据基本情况						承兑人及单位名称	背书人及单位名称	收款		贴现			转让			
			票据种类	票据号码	签发日期	到期日期	票面金额	票面利率			日期	金额	日期	利率	净额	日期	受理单位	票面金额	实收金额

图 4-1

③ 收款方提示承兑，其中定日付款和出票后定期付款的商业汇票，应在到期日前向付款人提示承兑；见票后定期付款的商业汇票，应在出票日起一个月内提示承兑；见票即付的票据无须提示承兑。

④ 对未承兑的汇票，依法对票据背书人、出票人以及汇票的其他债务人行使追索权。

⑤ 对已承兑的汇票，在提示付款期内持商业汇票到银行办理委托收款手续，填写托收凭证并取回“委托收款回单联”。

⑥ 款项到账后，根据“委托收款的收账通知联”填制银行存款“收款凭证”。

⑦ 根据审核无误的银行存款“收款凭证”登记“银行存款日记账”。

(五) 汇兑结算收款方的业务处理程序

单位和个人各种款项的结算均可使用汇兑结算，汇兑结算收款方的业务处理程序如下：

① 收款方单位从银行取得收款通知单(信汇凭证第四联或银行出具的电汇收账通知)。

② 相关人员根据审核无误的收账通知单编制银行存款“收款凭证”。

③ 根据审核无误的银行存款“收款凭证”登记“银行存款日记账”。

（六）委托收款结算收款方的业务处理程序

单位和个人凭债券、存单、已承兑的商业汇票等付款人债务证明办理款项结算的，均可以使用委托收款进行结算，其收款方的业务处理程序如下：

（1）收款人填写托收凭证，记载下列事项：

① 在委托收款的“邮划”或“电划”处标注；

② 付款人全称、账号、地址、开户行；

③ 收款人全称、账号、地址、开户行；

④ 大写金额、小写金额；

⑤ 款项内容、托收凭证名称、附寄单证张数；

⑥ 商品发运情况、合同名称号码；

⑦ 收款人在托收凭证的第二联上签章。

（2）收款人向银行提交托收凭证及有关债务证明。

（3）收款人根据银行送达的托收凭证（收账通知）填制银行存款“收款凭证”。

（4）根据审核无误的银行存款“收款凭证”登记“银行存款日记账”。

（七）托收承付结算收款方的业务处理程序

托收承付结算方式的起点金额，新华书店系统为 1000 元；新华书店系统以外的其他单位为 10000 元。托收承付结算收款方的业务处理程序如下：

（1）收款单位发货，取得发货单、保险单等，并开具销售发票。

（2）收款单位凭销售合同、发货单、保险单、销售发票填写托收凭证，记载下列事项：

① 在托收承付的“邮划”或“电划”处标注；

② 付款人全称、账号、地址、开户行；

③ 收款人全称、账号、地址、开户行；

④ 大写金额、小写金额；

⑤ 款项内容、托收凭证名称、附寄单证张数；

⑥ 商品发运情况、合同名称号码；

⑦ 收款人在托收凭证的第二联上签章。

（3）收款人向银行提交托收凭证及发运证件或其他符合托收承付结算方式的有关证明、交易单据等。

（4）收款人根据银行送达的托收凭证（收账通知）填制银行存款“收款凭证”。

（5）根据审核无误的银行存款“收款凭证”登记“银行存款日记账”。

（八）信用卡结算收款方的业务处理程序

持卡人可持信用卡在特约单位购物、消费。单位卡不得用于 10 万元以上交易及劳务供应款项的结算。单位卡的资金一律从其基本存款账户转入，不得交存现金，不得将销售收入的款项存入信用卡。信用卡结算方式下收款方（指特约单位）的业务处理程序如下：

（1）特约单位受理信用卡时，应审查的主要内容有：

① 确认是本特约单位可受理的信用卡；

② 信用卡在有效期内，未列入“止付名单”；

③ 签名条上没有“样卡”或“专用卡”等非正常字样；

④ 信用卡无打孔、剪角、涂改等痕迹；

⑤ 持卡人的身份证或卡片上的照片与持卡人相符（使用 IC 卡、照片卡或持卡人凭密码在销售点终端上消费、购物的，可免验身份证）；

⑥ 卡片正面上的姓名与卡片背面上的签名和身份证上的姓名一致。

（2）信用卡审查无误后，特约单位在签购单上压卡，填写实际结算金额、用途、持卡人身份证件号码、特约单位的名称和编号。

（3）持卡人同意按特约单位填写的金额和用途付款的，则在签购单上签名确认。特约单位将信用卡、身份证件和第一联签购单交还持卡人。

（4）特约单位每日营业终了，应将当日受理的签购单汇总，计算手续费和净计金额，并填写汇总计单和进账单，连同签购单一并交收单银行办理进账。

（5）特约单位根据取回的进账单（回单联）填制银行存款“收款凭证”。

（6）根据审核无误的银行存款“收款凭证”登记“银行存款日记账”。

【业务 4-2】

兰星工艺于 2020 年 3 月 10 日，出售一批旅游工艺品给闽光有限公司，价款 10 万元，增值税 1 万 3 千元。双方协商采用银行承兑汇票结算方式结算货款。闽光有限公司于 2020 年 3 月 11 日开出一张为期 3 个月商业汇票，经银行承兑后提交给兰星工艺。

请描述兰星工艺出纳收取银行承兑汇票后，其业务处理程序。

业务处理

兰星工艺出纳收取银行承兑汇票后，其处理程序如下：

① 收到由销售人员转交的银行承兑汇票时，应认真审查汇票的付款人、收款人、出票日期、到期日、大小写金额、交易合同号码等内容是否正确，以及汇票是否经银行承兑。

② 确认汇票无误后，复印原件，将复印件提供给财务进行账务处理。

③ 根据原件内容，在应收票据备查簿上进行登记，注明到期日，并妥善保管原件。

④ 在汇票到期日的前十天(即6月1日)持汇票到银行办理委托收款手续，填写托收凭证，收回“受理回单联(第一联)”。

⑤ 收到银行发来的“收款通知联”，据此填制银行存款的“收款凭证”。

⑥ 根据审核无误的银行存款“收款凭证”登记“库存现金日记账”。

二、银行存款支出业务的处理程序

企业可以根据经济业务的特点，依法选择支票、银行汇票、银行本票、商业汇票、汇兑、委托收款、托收承付、信用卡等结算方式支付银行存款。

(一) 支票结算付款方的业务处理程序

企业签发转账支票时，一种是金额和日期已经确定；一种是金额和日期待定。这两种情况的业务处理程序略有不同。

1. 签发金额和日期确定的转账支票的业务处理程序

① 签发转账支票，出纳人员要正确填写“收款单位、日期、金额、用途、开户银行及其账号”等项目，并加盖预留银行印鉴。

② 将支票正联交给收款单位或者直接交给付款单位开户行，办理转账。

③ 出纳人员或相关人员根据转账支票存根及有关单据编制银行存款的“付款凭证”。

④ 根据审核无误的银行存款“付款凭证”登记“银行存款日记账”。

2. 签发金额和日期待定的转账支票的业务处理程序

① 对事先不能确定商品采购的金额(或劳务费)、日期的，应于签发支票前，填写“支票领用单”，其格式如图4-2所示。

支票领用单

领用部门	领用人	领用日期	用途	对方单位	预计金额

图4-2

② 经用款单位领导批准，然后由出纳签发金额和日期待定的转账支票。

③ 出纳在“支票领用登记簿”上填写签发日期、支票号码、收款单位、用途和预计金额并由领用人在“支票领用登记簿”上签名或盖章，登记簿的格式如图4-3所示。

④ 报销时，出纳人员在“支票领用登记簿”上如实填写实际金额和报销日期。

支票领用登记簿

<table>
<tr><th colspan="3">签发日期</th><th rowspan="2">支票
号码</th><th rowspan="2">收款
单位</th><th rowspan="2">用途</th><th rowspan="2">预计
金额</th><th rowspan="2">领用人</th><th rowspan="2">支票实际
金额</th><th colspan="2">报销日期</th></tr>
<tr><th>2020 年</th><th>月</th><th>日</th><th></th><th></th></tr>
<tr><td></td><td></td><td></td><td></td><td></td><td></td><td></td><td></td><td></td><td></td><td></td></tr>
</table>

图 4-3

⑤ 出纳人员或相关人员根据转账支票存根及有关单据编制银行存款的“付款凭证”。

⑥ 根据审核无误的银行存款“付款凭证”登记“银行存款日记账”。

（二）银行汇票结算付款方的业务处理程序

单位和个人各种款项的结算均可使用银行汇票结算，其付款方的业务处理程序如下：

① 填写一式三联的银行汇票申请书，并在第二联加盖预留银行的印鉴。

② 将银行汇票申请书送交银行，由银行签发汇票并用压数机压印出票金额。

③ 从银行取回申请书回单联、银行汇票（第二联）和解讫通知（第三联）。

④ 有关人员根据“银行汇票申请书（回单联）”编制银行存款“付款凭证”。

⑤ 出纳根据审核无误的银行存款“付款凭证”登记“银行存款日记账”。

⑥ 出纳及时将银行汇票和解讫通知提交给供应部门，供应部门采购人员因采购或款项结算，将银行汇票和解讫通知提交给收款方，由收款方填写实际结算金额。

⑦ 相关人员根据从收款方取得的发票等单据编制相关记账凭证并登账。

⑧ 如果实际结算金额小于票面金额，开户行会自动将多余款项划回，出纳从银行取得多余款收账通知联后，编制银行存款的“收款凭证”。

⑨ 出纳根据审核无误的银行存款“收款凭证”登记“银行存款日记账”。

（三）银行本票结算付款方的业务处理程序

单位和个人在同一票据交换区域的各种款项结算，均可使用银行本票。采用银行本票结算付款方的业务处理程序如下：

① 填写一式三联的“银行本票申请书”，并在第二联加盖预留银行的印鉴。

② 将“银行本票申请书”送交银行，由银行签发本票并用压数机压印出票金额。

③ 从银行取回“银行本票申请书（回单联）”及银行本票。

④ 有关人员根据“银行本票申请书（回单联）”编制银行存款“付款凭证”。

⑤ 出纳根据审核无误的银行存款“付款凭证”登记“银行存款日记账”。

⑥ 出纳及时将银行本票提交给供应部门，采购员持票进行采购或款项结算，并将银行本票提交给收款方进行结算。

⑦ 相关人员根据从收款方取得的发票等单据编制相关记账凭证并登账。

（四）商业汇票结算付款方的业务处理程序

商业汇票适用于在银行开立账户的法人之间根据购销合同进行商品交易的款项结算。商业汇票按承兑方式的不同分成商业承兑汇票和银行承兑汇票。

国有企业、股份制企业、集体所有制工业企业、供销合作社以及三资企业之间根据购销合同进行的商品交易，可以使用银行承兑汇票，其他法人不得使用银行承兑汇票。

1. 商业承兑汇票结算付款方的业务处理程序

① 由付款方签发商业汇票或由收款方签发商业汇票提交给付款方。

② 付款方承兑（在汇票的正面记载“承兑”字样和承兑日期并签章）商业汇票。

③ 付款方财务将商业承兑汇票第二联提交给采购员，采购员购货时将其提交给销货方。

④ 付款方财务登记“应付票据备查簿”，同时根据商业承兑汇票第一联及有关采购单据编制记账凭证并登账。

⑤ 商业汇票到期前，付款方出纳应在收到开户银行付款通知的当日，通知银行付款。

⑥ 相关人员根据付款通知（即“委托付款通知第五联”）编制银行存款“付款凭证“。

⑦ 相关人员根据审核无误的银行存款“付款凭证”登记“银行存款日记账”。

2. 银行承兑汇票结算付款方的业务处理程序

① 由付款方签发商业汇票，签订银行承兑协议（如图 4-4 所示）并提交给银行承兑。

② 银行承兑（在汇票的正面记载“承兑”字样和承兑日期并签章）汇票，付款方向银行支付承兑手续费并取回银行承兑汇票。

③ 付款方财务将银行承兑汇票第二联提交给采购员，采购员购货时将其提交给销货方。

④ 付款方财务登记“应付票据备查簿”，同时根据银行承兑汇票（第三联）、银行承兑协议（回单联）以及采购单据等填制记账凭证并登账。

⑤ 出纳或相关人员根据“承兑手续费（回单联）”编制银行存款“付款凭证”。

⑥ 出纳根据审核无误的银行存款“付款凭证”登记“银行存款日记账”。

⑦ 银行承兑汇票到期前，付款方出纳在收到开户银行付款通知的当日，通知银行付款。

银行承兑协议 1

编号＿＿＿＿＿＿

银行承兑协议的内容：

出票人全称＿＿＿＿＿＿＿＿＿＿　　收款人全称＿＿＿＿＿＿＿＿＿＿

开 户 银 行＿＿＿＿＿＿＿＿＿＿　　开 户 银 行＿＿＿＿＿＿＿＿＿＿

账　　　号＿＿＿＿＿＿＿＿＿＿　　账　　　号＿＿＿＿＿＿＿＿＿＿

汇 票 号 码＿＿＿＿＿＿＿＿＿＿　　汇 票 金 额＿＿＿＿＿＿＿＿＿＿

出 票 日 期＿＿＿年＿＿月＿＿日　　到　期　日＿＿＿年＿＿月＿＿日

以上汇票经银行承兑，出票人愿遵守《支付结算办法》的规定及以下条款：

一、出票人于汇票到期日之前将应付票款足额交存承兑银行。

二、承兑手续费按票面金额千分之（　　）计算，在银行承兑时一次付清。

三、出票人与持票人如发生任何交易纠纷，均由双方自行处理，票款于到期前仍按第一条办理。

四、承兑汇票到期日，承兑银行凭票无条件支付票款。如到期日之前出票人不能足额交付票款，承兑银行对不足部份的票款转为出票申请人的逾期贷款，并按有关规定计收罚息。

五、承兑汇票款付清后，本协议自动失效。

承兑银行签章　　　　出票人签章

订立承兑协议日期＿＿＿＿年＿＿月＿＿日

图 4-4

⑧ 相关人员根据付款通知(即“委托付款通知第五联”)编制银行存款“付款凭证”。

⑨ 相关人员根据审核无误的银行存款“付款凭证”登记“银行存款日记账”。

(五) 汇兑结算汇款方的业务处理程序

汇款人和收款人均为个人，且需要在汇入银行支取现金的，应在信汇、电汇凭证的汇款大写金额栏先填写“现金”字样，后填写汇款金额，汇兑结算汇款方的业务处理程序如下：

① 汇款方填写信汇凭证或者电汇凭证，并提交给银行。

② 从银行取得信汇凭证或者电汇凭证的第一联，出纳据此填制银行存款的“付款凭证”。

③ 根据审核无误的银行存款“付款凭证”登记“银行存款日记账”。

(六) 委托收款结算付款方的业务处理程序

委托收款的承付期限为自接到付款通知的次日起 3 天内，3 天内未通知银行付款的，银行视为同意付款。委托收款付款方的业务处理程序如下：

(1) 付款方接到付款通知时，应认真审查，审查内容包括：

① 委托收款凭证是否由本单位受理。

② 托收凭证和所附单证的项目是否填全，内容是否正确。

③ 委托收款金额和实际应付金额是否一致。

④ 是否在规定的承付期限内。

(2) 审查无误后，及时通知银行付款。

(3) 根据银行付款通知联填制银行存款“付款凭证”。

(4) 根据审核无误的银行存款“付款凭证”登记“银行存款日记账”。

(七) 托收承付结算付款方的业务处理程序

托收承付的承付期为验单 3 天，验货 10 天，在规定时间内未通知银行付款的，银行视为付款方同意付款。付款方全部或部分拒绝付款的，也应当在规定的时间内填写“拒付理由书”。托收承付结算付款方的业务处理程序如下：

① 付款方接到付款通知时，应认真审查，审查无误，应及时通知银行付款。

② 根据银行付款通知联填制银行存款“付款凭证”。

③ 根据审核无误的银行存款“付款凭证”登记“银行存款日记账”。

(八) 信用卡结算付款方的业务处理程序

凡在中国境内开立基本存款账户的单位均可申领单位信用卡。信用卡结算付款方的业务处理程序如下：

① 付款单位应从基本存款账户划转款项至信用卡中。

② 相关人员凭回单填写银行存款的“付款凭证”并登记“银行存款日记账”。

③ 付款单位采购员持卡至特约单位购物或消费。

④ 相关人员凭特约单位开具的签购单回单和发票填制记账凭证并登账。

【业务 4-3】

2021 年 4 月 3 日，江苏红光工艺品厂与“513”旅游开发有限公司签订一笔价款 20 万元的旅游工艺品购销合同。合同约定采用托收承付(验货付款)结算方式。

2021 年 4 月 5 日，红光工艺品厂按合同约定发货，并同时向银行办理托收手续。

2021 年 4 月 6 日，“513”旅游开发有限公司收到银行转来的托收凭证。

2021 年 4 月 7 日，“513”旅游开发有限公司收到江苏红光工艺品厂发来的货物。

请描述“513”旅游开发有限公司，对托收承付业务的处理流程。

业务处理

"513"旅游开发有限公司，对托收承付业务的处理程序如下：

① 4月6日收到银行转来的托收承付凭证，与购销合同核对，确定与合同是否一致。

② 4月7日，收到江苏红光工艺品厂发来的货物，与合同核对，看产品的数量、质量、规格是否符合购销合同的规定。

③ 若不符合合同规定，有关部门应决定对货款全部或者部分拒付，出纳根据决定，填"全部或部分拒付理由书"，通知银行全部或部分拒付货款。

④ 若符合合同规定，出纳则及时通知银行付款。

⑤ 相关人员根据"付款通知联"填制银行存款的"付款凭证"。

⑥ 相关人员根据审核无误的银行存款"付款凭证"登记"银行存款现金日记账"。

子项目3　编制银行存款收付款记账凭证

一、编制银行存款收款凭证

如果企业采用通用记账凭证，则银行存款收款业务应编制通用记账凭证，如果企业采用专用记账凭证，则银行存款收款业务应编制银行存款收款凭证。

银行存款收款凭证的编制依据：审核无误的存款收款业务原始凭证。

采用专用记账凭证时，银行存款收款凭证的编制程序与方法：

① 选取空白的收款凭证。

② 在收款凭证的左上角"借方科目"栏填写"银行存款"。

③ 在收款凭证"年　月　日"栏填写收到银行进账单或银行回执戳记的日期，若收到进账单的日期与银行戳记的日期相隔较远，或次月初收到上月末银行存款收款凭证的，则填写实际转账日期。

④ 记账凭证编号：

选择通用记账凭证的，采用总字编号法；选择专用记账凭证的，采用总字编号法的同时还要根据单位财务情况，使用三类编号法("收第　号")或者使用五类编号法("银收第　号")。

此外，一笔经济业务如果要填制一张以上的记账凭证时，可采用分数编号法。

⑤ 摘要填写应当真实、清楚、详略得当。一般而言，对常规业务要简明扼要，对特殊业务则要表述得详细些。

⑥ 正确填写收款凭证的贷方科目，包括总账科目和明细科目。

⑦ 金额要对准相应的贷方科目行次，规范书写。合计栏的金额前要加人民币符号“￥”。

⑧ 附件张数的填写(详见项目三子项 3“编制现金收付记账凭证”)。

⑨ 制单员填制完记账凭证要签章；涉及收付款业务的出纳员要签章；审核完的审核员要签章；过完账的记账员要签章；会计主管最后把关，签章负责。

【业务 4-4】

图 4-5 所呈现的经济业务为北京市欢乐购股份有限公司 2021 年 1 月份第 47 笔经济业务，第 12 笔银行存款收款业务，请根据原始凭证图 4-5 编制一张通用记账凭证。

委托收款 结 算 凭 证（收账通知）4

邮划☑电划☐　　签发日期 2021 年 1 月 15 日

收款人	全 称	北京市欢乐购股份有限公司	付款人	全 称	晋江美芝服饰股份有限公司
	账 号	0100 549090063655		账 号	6381 0072 5844 0513
	开户银行	工行北京市朝阳支行　行号		开户银行	农行晋江市晋南支行　行号
委收金额	人民币(大写)	壹拾壹万叁仟元整		千百十万千百十元角分	￥11300000
款项内容	货款及增值税	委托收款凭证名称	增值税专用发票 发货单	附寄单证张数	2
商品发运情况	已发货	合同名称号码	商品采购合同 2055[illegible]		
备注	电 划	款项收妥日期	2021 年 1 月 18 日	收款人开户行盖章 月 日	中国工商银行 北京朝阳支行 2021.1.18

单位主管　会计　　复核　　记账

图 4-5

业务处理

① 北京市欢乐购股份有限公司 2021 年 1 月 15 日，应根据“委托收款(回单联)1”及有关增值税专用发票等编制通用记账凭证，借记“应收账款”、贷记“主营业务收入”、“应交税费-应交增值税”等科目。

② 北京市欢乐购股份有限公司 2021 年 1 月 18 日，收到银行转来的“委托收款(收账通知联)4”，由于该企业没有采用专用记账凭证，所以应当编制的是通用记账凭证。编制结果如图 4-6 所示。

通用记账凭证

2021 年 1 月 18 日　　　　记第 47 号

摘要	会计科目		过账	借方金额									贷方金额								
	总账科目	明细科目		百	十	万	千	百	十	元	角	分	百	十	万	千	百	十	元	角	分
收回货款	银行存款				1	1	3	0	0	0	0	0									
	应收账款	晋江美芝												1	1	3	0	0	0	0	0
附件 1 张	合计			¥	1	1	3	0	0	0	0	0	¥	1	1	3	0	0	0	0	0

会计主管　　记账　　出纳 李欢乐　　审核　　制单 李欢乐

图 4-6

说明：记账凭证编完但尚未审核，所以审核人员未签章；尚未记账，所以“过账”处未打“✓”，记账人员未签章；手续没有全部办理完毕，所以会计主管未签章。

二、编制银行存款付款凭证

银行存款付款凭证的编制依据：审核无误的银行存款付款业务原始凭证。

提醒：涉及库存现金与银行存款的划转业务，只编付款凭证。如从银行提取现金，企业现金增加，存款减少。企业只需编制银行存款的付款凭证，不编库存现金的收款凭证。

银行存款付款凭证的编制程序与方法：

① 选取空白的付款凭证。

② 在付款凭证的左上角“贷方科目”栏填写“银行存款”。

③ 在付款凭证“年 月 日”栏填写财会部门开出银行付款单据(或承付)的日期。

④ 记账凭证编号：

可能涉及的编号方法有总字编号法、三类编号法、五类编号法、分数编号法。

如第 4 笔银行存款付款业务在全部付款业务中属于第 13 笔业务，采用三类编号法时，应编“付第 13 号”；采用五类编号法时：则应编“银付第 4 号”。

⑤ 正确填写付款凭证的借方科目，包括总账科目和明细科目。

⑥ 金额要对准相应的借方科目行次，规范书写。合计栏的金额前要加人民币符号“ ¥ ”。

此外付款凭证“摘要的填写、附件张数的计算、经办人员签章”等，与银行存款收款凭证同一项目所阐述的内容相一致。

【业务 4-5】

图 4-7～图 4-9 呈现的经济业务为晋江美芝服饰有限公司本月第 9 笔银行存款付款业务、第 11 笔付款业务、第 24 笔经济业务。该企业专用凭证采用三类编号法，请根据图 4-7～图 4-9 编一张专用记账凭证。

委托收款 结 算 凭证（付款通知）5

邮划☑电划☐　　签发日期 2021 年 1 月 15 日

收款人 全称	北京市欢乐购股份有限公司	付款人 全称	晋江美芝服饰股份有限公司
收款人 账号	0100 549090063655	付款人 账号	53140100001569
收款人 开户银行	工行北京市朝阳支行　行号	付款人 开户银行	农行晋江市晋南支行　行号
委收金额	人民币（大写）壹拾壹万叁仟元整	千百十万千百十元角分	￥1 1 3 0 0 0 0 0
款项内容	货款及增值税	委托收款凭证名称	增值税专用发票 发货单
附寄单证张数	2		
商品发运情况	已发货	合同名称号码	商品采购合同 20550913
备注	电划	付款人开户银行收到日期 年 月 日	根据付款人的委托付款授权，上列款项已在付款人账户内支付。付款人开户行签章 年 月 日

单位主管　　会计　　复核　　记账

图 4-7

北京市增值税专用发票

此联不作报销、扣税凭证使用

机器编号：1103190378

开票代码：1105005100225
开票号码：1109215868
开票日期：2021 年 1 月 15 日
校验码：11825 66059 47581 85369

购买方	名　　称：晋江美芝服饰股份有限公司 纳税人识别号：91350582 001234 5678 地 址、电 话：金井新街 85381234 开户行及账号：农行晋江市晋南支行 5314010000156997	密码区	**7+2340<-1+3>0-3905/*9 7*3>+53+219>>A8C</49378 +801←93-6+>0/369=97778 +0%0>1>2>3+3>4>5<42=000

货物或应税劳务、服务名称	规格型号	单位	数量	单价	金额	税率	税额
瑜伽服面料		米	5000	20.00	100 000.00	13%	13 000.00
合计					￥100 000.00		￥13 000.00
价税合计（大写）	※壹拾壹万叁仟元整				（小写）￥113 000.00		

销售方	名　　称：北京市欢乐购股份有限公司 纳税人识别号：91110554002655098Q 地 址、电 话：北京市朝阳路 135 号、18960 522118 开户行及账号：工行北京市朝阳支行 0100 5490 9006 3655	备注	

发票联 购货方记账凭证

收款人：　复核：　开票人：曲单　销货方：（章）

图 4-8

收料单

供应单位：北京欢乐购　　2021年1月18日　　收料仓库：101号

发票号码：1103190378　　收料单编号：210118

编号	类别	名称	规格	单位	数量 应收	数量 实收	实际成本 买价 单价	实际成本 买价 金额	实际成本 采购费用	实际成本 合计	备注
002	主料	瑜珈服面料		米	5000	5000	20.00	100 000	—	100 000	

采购员：刘成　　检验员：安文检　　记账员：　　保管员：许书华

图 4-9

业务处理

晋江美芝服饰股份有限公司，应当编制银行存款的付款凭证，如图4-10所示。

付款凭证

总第24号

贷方科目：银行存款　　2021年1月18日　　付第11号

摘要	借方科目 总账科目	借方科目 明细科目	过账	千	百	十	万	千	百	十	元	角	分
验收入库	原材料	瑜珈服面料				1	0	0	0	0	0	0	0
税率13%	应交税费	应交增加值税（进项）					1	3	0	0	0	0	0
附件3张	合计				¥	1	1	3	0	0	0	0	0

会计主管　　记账　　出纳：　　审核 孙小梅　　制单：孙小梅

图 4-10

说明：涉及出纳业务的记账凭证可以由出纳编制，也可以由会计人员编制。本凭证已编完但尚未审核，所以审核人员未签章；也未记账，所以“过账”处未打“✓”，记账人员未签章；手续没有全部办理完毕，所以会计主管未签章。

子项目 4 审核银行存款收付款记账凭证

银行存款收付款业务的记账凭证是出纳登记银行存款日记账的直接依据，为了确保银行存款日记账的真实可靠，在登账之前必须指定专人对存款收付款凭证进行严格审核。

一、审核要点

① 银行存款收付款业务的记账凭证上的附件张数与所附原始凭证的实际张数是否一致。

② 如果采用专用记账凭证，所选取的专用记账凭证类别(收、付、转)是否正确。

③ 记账凭证上的“年 月 日”栏填写的日期是否正确。

④ 记账凭证上的编号是否正确。

⑤ 记账凭证上的摘要与原始凭证所反映的内容是否一致。

⑥ 记账凭证上的会计分录(包括科目、方向、金额)是否正确。

⑦ 记账凭证上的项目是否填列齐全，有关人员是否已按规定进行签名或盖章。

二、审核结果的处理

如果审核结果发现记账凭证编制有误，该记账凭证还没有登账，则应将该记账凭证作废，重新编制一张正确的记账凭证。

如果审核结果证实记账凭证编制有误，但已登记入账，则应按照错账的类型进行处理，不能将错误的记账凭证直接作废。

【业务 4-6】

政和原生态茶叶有限公司出纳根据审核无误现金支票存根(见图 4-11)编制银行存款付款凭证(见图 4-12)，登账前进行过审核，但没有发现错误，登账后进行“账证核对”时发现所编的“银行存款付款凭证”有错误，请问都有哪些错误，应如何处理?

中国工商银行

现金支票存根

10429083

03601219

附加信息

出票日期 2019 年 10 月 10 日

收款人：政和原生态茶叶有限公司

金额：¥230 000.00

用途：备发工资

单位主管：郑兴印旺　会计：夏温洋

图 4-11

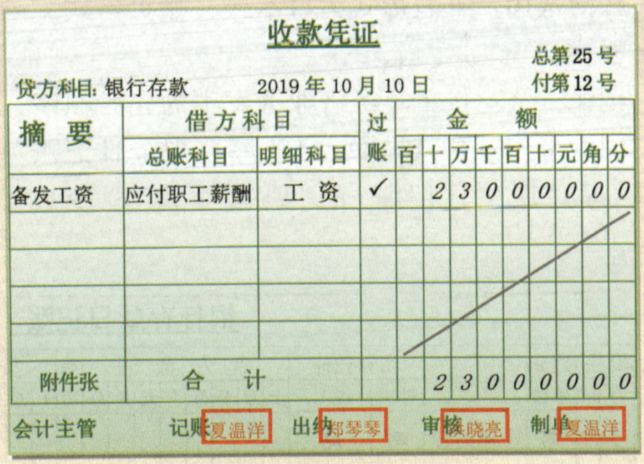

收款凭证

总第 25 号

贷方科目：银行存款　2019 年 10 月 10 日　付第 12 号

摘要	借方科目		过账	金额								
	总账科目	明细科目		百	十	万	千	百	十	元	角	分
备发工资	应付职工薪酬	工资	✓		2	3	0	0	0	0	0	0
附件张	合计				2	3	0	0	0	0	0	0

会计主管　记账 夏温洋　出纳 郑琴琴　审核 张晓亮　制单 夏温洋

图 4-12

业务处理

经审核，发现该收款凭证存在下列问题：

① 本记账凭证没有填写附件张数。

② 本记账凭证已经登记入账，但会计主管尚未签名。

③ 本记账凭证会计科目运用错误，从银行提取现金，备发工资，不是已发工资，应借记“库存现金”科目，而不是“应付职工薪酬”科目。

本记账凭证在登账之前已经审核，但没有发现错误，登账后进行“账证核对”时才发现错误，因为已经登账，原先错误的记账凭证不得作废。而应按错账更正方法进行错账更正。

本业务中，应先在记账凭证上填写附件的张数，然后采用红字冲销法进行错账更正。

子项目 5　登记银行存款日记账

银行存款日记账是特种日记账的一种，它是以单笔银行存款收、付业务为记录单位，按时间的先后顺序逐日逐笔登记的账簿。

银行存款日记账的记账人员：单位出纳。

记账依据：审核无误的现金收款凭证、现金付款凭证以及提取现金时的银行付款凭证。

账簿选用：外表形式为订本式、账页格式，一般采用三栏式，少数企业也采用多栏式。

记账方法：按单笔经济业务发生的先后顺序，逐日逐笔进行登记。

(1) 采用三栏式账页，与“库存现金日记账”的记账方法基本相同。有差别的是“库存现金日记账”的“票据号数”栏变成了“结算凭证”栏，如图 4-13 所示。

银行存款日记账

20年		凭证	摘要	结算凭证		借方金额								核	贷方金额								余额							
月	日	号数		种类	编号	十	万	千	百	十	元	角	分	对	十	万	千	百	十	元	角	分	十	万	千	百	十	元	角	分
1	1	略	上年结转	略	略									✓									1	8	0	0	0	0	0	0
1	5	略	借入款项	略	略	1	0	0	0	0	0	0	0	✓									2	8	0	0	0	0	0	0
1	5	略	销售收入	托收	01893205	1	6	9	5	0	0	0	0	✓									4	4	9	5	0	0	0	0

图 4-13

说明：“结算凭证”栏的“种类”分栏，一般登记支付方式的种类如支票、银行汇票、委托收款、托收承付、汇兑等；“结算凭证”的“编号”分栏，则登记支票、银行汇票等结算凭证上的号码。

(2) 采用多栏式账页：

① 设置“银行存款收入日记账”，如图 4-14 所示，在贷方科目下设置若干专栏，登记银行存款收入的来源科目。

② 设置“银行存款支出日记账”，如图 4-15 所示，在借方科目下设置若干专栏，登记银行存款支出的运用科目，并于每日结出“支出合计”，登记到“银行存款收入日记账”的“支出合计”栏，并在“银行存款收入日记账”上结出余额，如图 4-14 所示。

银行存款收入日记账

21年		凭证	摘要	贷方科目					支出合计	余额
月	日	号数		短期借款	主营业务收入	应交税费	……	收入合计		
1	1	略	上年结转							250 000
1	4	略	销售收入		330 000	42 900		372 900		622 900
1	7	略	转记						64 000	558 900
1	10	略	转记						190 000	368 900
1	15	略	转记						6 000	362 900

图 4-14

银行存款支出日记账

21年		凭证	摘要	借方科目						支出合计
月	日	号数		库存现金	原材料	应交税费	应付账款	财务费用	……	
1	7	略	付所得税			64 000				64 000
1	10	略	提现发工资							190 000
1	15	略	付短期利息							6 000

图 4-15

银行存款日记账能够逐日反映企业银行存款的收入、付出和结存情况，出纳应定期与银行进行核对，以确保企业银行存款账实相符、安全可靠。

【业务 4-7】

请根据审核无误的(详见图 4-16)银行存款付款凭证及其所附的原始凭证(详见图 4-17～图 4-19)登记“银行存款日记账”。

付款凭证

总第 24 号
付第 11 号

贷方科目：银行存款　　2021 年 1 月 18 日

摘要	借方科目		过账	金额									
	总账科目	明细科目		千	百	十	万	千	百	十	元	角	分
验收入库	原材料	瑜珈服面料				1	0	0	0	0	0	0	0
税率 13%	应交税费	应交增加值税（进项）					1	3	0	0	0	0	0
附件 3张	合　计				¥	1	1	3	0	0	0	0	0

会计主管　　记账　　出纳：　　审核 孙小梅　　制单 孙小梅

图 4-16

收　料　单

供应单位：北京欢乐购　　2021 年 1 月 18 日　　收料仓库：101 号
发票号码：1103190378　　收料单编号：210118

编号	类别	名称	规格	单位	数量		实际成本				备注
					应收	实收	买价		采购费用	合计	
							单价	金额			
002	主料	瑜珈服面料		米	5000	5000	20.00	100 000	—	100 000	

采购员：刘成　　检验员：安文检　　记账员：　　保管员：许书华

图 4-17

北京市增值税专用发票

此联不作报销、扣税凭证使用

机器编号：1103190378

开票代码：1105005100225
开票号码：1109215868
开票日期：2021 年 1 月 15 日
校验码：11825 66059 47581 85369

购买方	名称：晋江美芝服饰股份有限公司 纳税人识别号：91350582 001234 5678 地址、电话：金井新街 85381234 开户行及账号：农行晋江市晋南支行 5314010000156997				密码区	**7+2340<-1+3>0-3905/*9 7*3>+53+219>>A8C</49378 +801←93-6+>0/369=97778 +0%0>1>2>3+3>4>5<42=000	
货物或应税劳务、服务名称	规格型号	单位	数量	单价	金额	税率	税额
瑜伽服面料		米	5000	20.00	100 000.00	13%	13 000.00
合计					￥100 000.00		￥13 000.00
价税合计（大写）	※壹拾壹万叁仟元整				（小写）￥113 000.00		
销售方	名称：北京市欢乐购股份有限公司 纳税人识别号：911105540026550980 地址、电话：北京市朝阳路 135 号、18960 522118 开户行及账号：工行北京市朝阳支行 0100 549090063655				备注	北京市欢乐购股份有限公司 911105540026550980 发票专用章	

收款人： 复核： 开票人： 曲单 销货方：（章）

发票联 购货方记账凭证

图 4-18

委托收款 结 算 凭 证（付款通知）5

邮划☑ 电划☐ 签发日期 2021 年 1 月 15 日

收款人	全称	北京市欢乐购股份有限公司	付款人	全称	晋江美芝服饰股份有限公司
	账号	0100 549090063655		账号	53140100001569
	开户银行	工行北京市朝阳支行 行号		开户银行	农行晋江市晋南支行 行号
委收金额	人民币（大写）	壹拾壹万叁仟元整		千百十万千百十元角分	￥1 1 3 0 0 0 0 0
款项内容	货款及增值税	委托收款凭证名称	增值税专用发票 发货单	附寄单证张数	2
商品发运情况	已发货		合同名称号码	商品采购合同 20550913	
备注	电划	付款人开户银行收到日期 年 月 日	根据付款人的委托付款授权，上列款项已在付款人账户内支付。付款人开户行签章 年 月 日		

单位主管 会计 复核 记账

中国农业银行 晋江市晋南支行 2021.1.15 转讫

图 4-19

业务处理

登完这笔业务后，多栏式“银行存款日记账”的记录如图 4-20、图 4-21 所示。

登账完毕，记得在“记账凭证”的“过账处”打“✓”。

银行存款收入日记账

21年		凭证	摘要	贷方科目					支出合计	余额
月	日	号数		短期借款	主营业务收入	应交税费	……	收入合计		
1	1	略	上年结转							250 000
1	4	略	销售收入		330 000	42 900		372 900		622 900
1	7	略	转记						64 000	558 900
1	10	略	转记						190 000	368 900
1	15	略	转记						6 000	362 900
1	18	略	转记						113 000	249 900

图 4-20

银行存款支出日记账

21年		凭证	摘要	借方科目						支出合计
月	日	号数		库存现金	原材料	应交税费	应付账款	财务费用	……	
1	7	略	付所得税			64 000				64 000
1	10	略	提现发工资							190 000
1	15	略	付短期利息							6 000
1	18	付11	付材料价税款		100 000	13 000				113 000

图 4-21

子项目 6　网上银行业务

在我国电子商务快速崛起的大背景下，网上银行应运而生。所谓网上银行也称在线银行，它是以互联网作为基础的交易平台和服务渠道，利用互联网数字通信技术，在线为社会公众提供金融信息、银行产品、金融服务的新型银行。

网上银行也可以理解为互联网上的虚拟银行柜台，它可以向客户提供开户、销户、查询、对账、行内转账、跨行转账、信贷、网上证券、投资理财等所有的银行业务。

一、开户

经办人携带公司营业执照副本的原件复印件、组织机构代码证的原件复印件、法人身份证的原件复印件、经办人身份证的原件复印件、公司公章、公司财务专用章、公司法人章到银行柜台办理。

经办人填写“网银开户申请”，经银行审核同意后，代表公司与银行签约，银行会向经办人提供一个 U 盾和《网上银行使用手册》。

开通网上银行前，必须到银行网站下载相关程序，安装驱动程序，再插入 U 盾，根据提示使用。图 4-22 为中国工商银行网银登录前的界面。

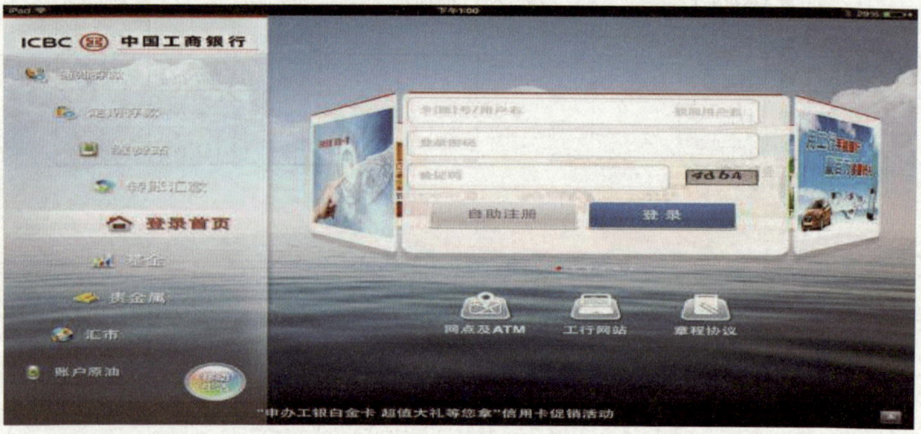

图 4-22

二、网上银行结算

网上银行结算具有成本低、时间快、地域广的特点，但也存在一定的安全隐患。要确保网上支付结算的安全，就必须遵守以下规定：

① 坚持岗位分设制度，不得由一个人单独完成网上银行付款的全过程。

② 银行预留印鉴章、网上银行上网 U 盾及支付密码器应由银行出纳员和资金调度员分别保管，严禁一人保管支付款项所需要的全部印章和密码器。

③ 应不定期修改网上银行的操作密码。

中国建设银行的网上银行结算业务流程如图 4-23 所示。

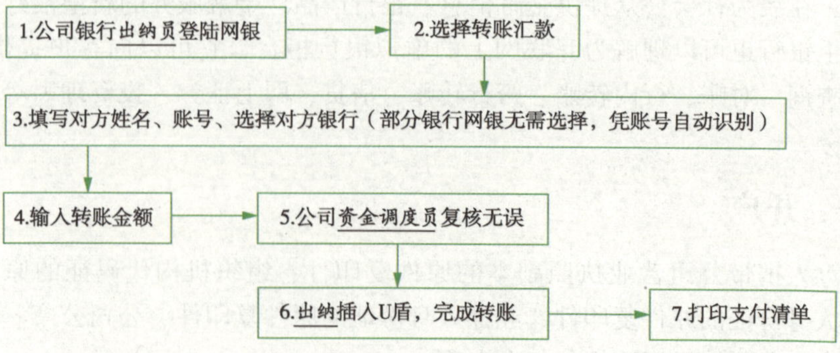

图 4-23

【业务 4-8】

2018 年 11 月，晋江湖海印染厂开通中国农业银行网上银行。年底，公司讨论决定从 2019 年起，通过网上银行给全厂员工发放工资。企业之前都是从银行提取现金，用现金支付员工工资的。请问，企业出纳应如何完成“通过网银发放员工工资”的任务？

业务处理

企业要通过网银代发工资，应先与代发银行签订“代发工资协议”，然后企业的每一位员工均应开设该银行的银行卡。

在日常的工资发放中，只需要将公司的员工工资明细导入网上银行系统，银行就会按明细发放到每个人的银行卡里。

具体到中国农业银行，可按下列步骤发放工资：

由农业银行本行代发工资的，登录农业银行企业网银后点击“付款-代发工资-上传工资文件(本行)”，然后根据提示操作。

中国农业银行网银代发工资的操作提示：

① 上传文件支持 txt、csv、excel 等多种文件类型，一批文件的交易笔数最多 3000 笔。

② 客户可下载上传批量文件模板，按照模板格式制成导入文件。

③ 客户可自制文件，通过批量转换工具转换后上传。

子项目 7　第三方支付平台结算业务

在电子商务中，网上交易的双方互不认识，卖方不愿先发货，担心发货后收不到款；买方不愿先付款，担心付款后收不到货或者收到的货质量低劣、短斤少两。不解决买卖双方的心结，网上交易就无法进行。第三方支付平台就在这种大背景下顺势而生。

所谓第三方支付平台是指由信誉度高、实力强的第三方企业建立的独立于银行的第三方交易支付机构，是在银行直接支付环节中增加的一个中介平台。

一、第三方支付平台结算业务流程

第三方支付平台为买卖双方设立中间过渡账户，充当中介角色，通过支付托管实现支付保证，让买卖双方的支付结算活动更安全更有效，从而促进了我国电子商务的繁荣发展。

选择第三方支付平台进行商品交易，首先要在第三方支付平台开通账户，日常交易结算业务流程如图 4-24 所示。

图 4-24

① 买方(付款方)在网上选购商品并下订单。

② 买方(付款方)支付货款，存入第三方支付平台。

③ 第三方支付平台收到货款并通知卖方(收款方)发货。

④ 卖方(收款方)发货。

⑤ 买方(付款方)收到货后，向第三方支付平台发出“确认收货”的指令。

⑥ 第三方支付平台划转货款给卖方(收款方)。

二、第三方支付平台结算业务的会计核算

① 企业通过网上银行，将存款从银行账户转入第三方支付平台账户，应根据网上银行电子回执编制记账凭证(用会计分录代替)。

借：其他货币资金—第三方支付平台账户存款

　　贷：银行存款

提示：企业将第三方支付平台的账户余额转回银行账户，则编制相反的会计分录。

出纳根据所编制的记账凭证登记“银行存款日记账”。

② 企业在电商平台进行商品采购，当确认收货时，根据收货单、增值税专用发票以及电商平台打印的支付凭证编制记账凭证(用会计分录代替)。

借：原材料/库存商品(或其他相关科目)

　　应交税费—应交增值税(进项税额)

　　贷：其他货币资金—第三方支付平台账户存款

③ 企业在电商平台销售商品，当发出商品，确认销售时，根据增值税专用

发票以及电商平台打印的收款凭证或交易记录编制记账凭证(用会计分录代替)。

借：其他货币资金—第三方支付平台账户存款

　　贷：主营业务收入

　　　　应交税费—应交增值税(销项税额)

【业务 4-9】

2020 年 5 月 8 日，福建著成服饰股份有限公司淘宝网店正式开业，当日向广东深光电子厂销售 T 恤 500 件，单价 T 恤含税价 29.38 元。广东深光电子厂通过支付宝平台进行货款结算。

业务处理

5 月 8 日，福建著成服饰会计人员，根据增值税专用发票(见图 4-25)和电商平台打印的交易记录(略)，编制记账凭证。

福建省增值税专用发票

此联不作报销、扣税凭证使用

机器编号：352006015627

开票代码：0423005100252
开票号码：0719235836
开票日期：2020 年 5 月 8 日
校验码：91825 99658 14958 83543

购买方	名称：广东深光电子厂 纳税人识别号：44030 3225812679 255 地址、电话：深圳市香港路 97 号　0755—7015812 开户行及账号：建行深圳宝安支行 1052 3333 6666 8888	密码区	*6*+32130<-1+3>0-3905/*8 7*3->+513+1209>>A8</4993 9+3001←29-56>0/+369=909 +8<014>>>2+/3>>5><472000

货物或应税劳务、服务名称	规格型号	单位	数量	单价	金额	税率	税额
*服装*T 恤		件	5 00	26.00	13 000.00	13%	1 690.00
合计					￥13 000.00		￥1 690.00
价税合计（大写）	※壹万肆仟陆佰玖拾元整				（小写）￥14 690.00		

销售方	名　　称：福建著成服饰股份有限公司 纳税人识别号：91350 58200 13356789 地 址、电 话：晋江工业园区　0595—8320812 开户行及账号：中国农业银行晋江支行 6381 0072 5844 0513	备注	福建著成服饰有限公司 350582001393 发票专用章

收款人：　　复核：　　开票人：曾 林　　销货方：（章）

第一联：记账联 销售方记账凭证

图 4-25

借：其他货币资金—支付宝平台账户存款　14690.00

　　贷：主营业务收入　13000.00

　　　　应交税费—应交增值税—销项税额　1690.00

出纳根据所编制的记账凭证登记“其他货币资金明细账”。

【业务 4-10】

2020 年 5 月 11 日，广东深光电子厂确认收货，支付宝账户平台将货款转到公司银行存款基本账户。

业务处理

著成服饰财务会计人员，根据“中国农业银行网上银行电子回单”（见图 4-26）编制记账凭证。

电子回单详情

中国农业银行 AGRICULTURAL BANK OF CHINA

网上银行电子回单

回单编号：046960384508070141599					第 1 次打印
付款方	账号	支付宝（中国）网络技术有限公司	收款方	账号	福建著成服饰股份有限公司
	户名	326152938		户名	63810072 58440513
	开户行			开户行	中国农业银行晋江支行
金额（小写）		14690.00	金额（大写）		壹万肆仟陆佰玖拾元整
币种		人民币	交易渠道		EBNK
摘要		转账取款	凭证号		65130104050016047
交易时间		2020-5-11　15.40.33	会计日期		20200511
附言		淘宝网店销售款			中国农业银行股份有限公司 回单专用章

打印日期：2020-05-11

图 4-26

借：银行存款　14690.00

　　贷：其他货币资金—支付宝平台账户存款　14690.00

出纳根据所编制的记账凭证登记“银行存款日记账”和“其他货币资金明细账”。

子项目 8 常用国际结算方式

国际结算是指国际间的债权债务关系引起的货币收付或结算业务。主要有汇付结算、托收结算和信用证结算等方式。

一、汇付结算(Remittance)

汇付是指付款人通过银行将款项汇给收款人的结算方式。汇付是国际贸易中最简单的结汇方式，简称汇款。

1. 汇付的基本当事人

汇付的基本当事人有四个，分别是:

① 汇款人(Remitter)，买卖合同的进口商或其他经贸往来中的债务人;

② 收款人(Payee)，买卖合同的出口商或其他经贸往来中的债权人;

③ 汇出行(Remitting Bank)是接受汇款人的委托或申请，汇出款项的银行通常是进口商所在地的银行;

④ 汇入行(Receiving Bank)，又称解付行(Paying Bank)，是接受汇出行的委托解付款项的银行，汇入行通常是汇出行在收款人所在地的代理行。

2. 汇付结算方式的特点及适用范围

采用汇付结算，交易双方的付款方式为预付货款或货到付款。预付货款，进口商有收不到商品的风险；货到付款，出口商有收不到货款的风险，可见汇付是完全建立在商业信用基础上的结算方式，风险较大。

这种结算方式适用于货款尾差、支付佣金、归还垫款、索赔理赔、出售少量样品等业务的款项结算，以及进出口双方高度信任基础上的货款结算。

3. 汇付结算方式的种类

汇付可分为信汇、电汇和票汇三种。

信汇(M/T)是由进口商(汇款人)将款项交给进口地银行(汇出行)，由汇出行开具付款委托书，通过航空邮寄给出口商所在地银行(汇入行)，委托汇入行向出口商付款的一种结算方式。

信汇的优点是费用低，缺点是收款人收到的时间较晚。

电汇(T/T)是由进口商(汇款人)委托汇出行用电报、电传等电信手段通知出口地银行(汇入行)，委托汇入行向出口商(收款人)付款的一种方式。

电汇的优点是交款迅速且安全，缺点是付款人要承担较高的电汇费用。

信汇/电汇的结算程序，如图 4-27 所示。

① 进口商填写“电汇或信汇申请书”，并向汇出行交纳款项及支付费用。

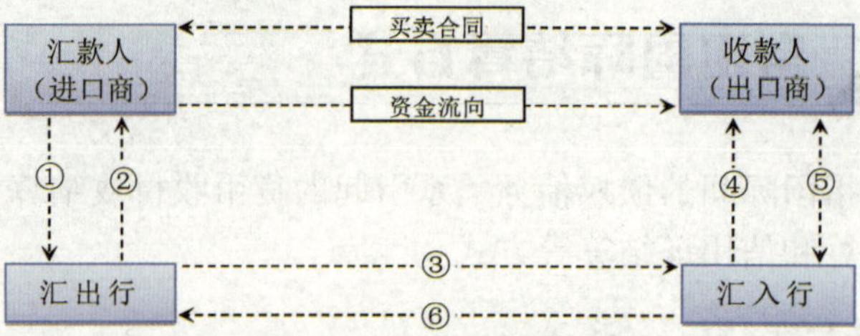

图 4-27

② 进口商从汇出行取得电汇或信汇回执。

③ 汇出行拍发电报或邮寄信汇委托书。

④ 汇入行向出口商送达“电汇或信汇通知书”。

⑤ 出口商开出“收款收据”，汇入行付款。

⑥ 汇入行(即收款人)向汇出行传递“付讫通知”。

票汇(D/D)是指汇款人向银行购买汇票寄给收款人，由收款人据以向汇票上的指定银行收取款项的结算方式。票汇的特点是由汇款人(而不是银行)发送结算工具，收款人如有需要可以将汇票背书转让，而信汇、电汇则不能背书转让。

票汇结算流程图如图 4-28 所示。

图 4-28

① 进口商填写“票汇申请书”，并向汇出行交纳款项及支付费用。

② 进口商从汇出行取得银行即期汇票。

③ 进口商将“银行即期汇票”传递给出口商。

④ 汇出行传递“票汇通知书”至汇入行。

⑤ 出口商将“银行即期汇票”提交给汇入行，汇入行凭票付款。

⑥ 汇入行向汇出行传递“付讫通知”。

4. 汇付结算方式下的出纳业务

采用汇付结算方式，进口企业出纳应及时填写“汇款申请书”，再根据银行受理的国外汇款回单、支票存根及其他有关单据，由出纳或相关财务人员编制

"银行存款"或"外汇存款"的付款凭证，再由出纳根据付款凭证及其所附单据，登记"银行存款日记账"或"外汇存款日记账"。

采用汇付结算方式，出口企业出纳应根据审核银行转来的收账通知、汇入汇款通知单等，然后由出纳或相关财务人员编制"银行存款"或"外汇存款"的收款凭证，再由出纳根据收款凭证及所附单据，登记"银行存款日记账"或"外汇存款日记账"。

二、托收结算(Remittance)

托收就是出口商向国外买方收取货款和劳务价款，开具以买方为抬头人的汇票，委托银行持以向买方代收款项的结算方式。

1. 托收的基本当事人

托收的基本当事人有四个，分别是：

汇款人(Remitter)，汇出行(Remitting Bank)，汇入行(Receiving Bank)，收款人(Payee)。

提示：除了基本当事人，还可能有提示行(presenting Bank)以及需要时的"代理-委托人"的代表(principal's representative in case of need)。

2. 托收结算方式的特点

在托收业务中，银行只提供服务，既没有保证付款人必然付款的责任，也没有检查审核货运单据、买卖合同的义务。货款能否收到，全靠进口商的信用。所以托收结算方式和汇付结算方式一样都是商业信用。

托收结算方式对进口商极为有利，能调动进口商的经营积极性，从而提高交易商品在国际市场上的竞争力。

3. 托收结算方式的种类

托收可分为光票托收和跟单托收两种。

光票托收是指委托人仅以金融单据委托银行代为收款，而不附带货运单等任何商业单据。光票托收适用于货款尾数、小额交易货款、贸易从属费用和索赔款的收取。

跟单托收是指出口商即卖方将跟单(单指发票、提货单、保险单等货运单据)汇票或不出具汇票的货运单据，委托银行办理托收。按交单条件的不同，跟单托收又分成付款交单和承兑交单两种。

所谓付款交单(简称 D/P)指代收银行必须在进口方付清票款之后，才能将货运单据交给进口方。付款交单按支付时间的不同又可分成即期付款交单和远期付款交单两种。付款交单多数情况下是指即期付款交单。

即期付款交单托收结算流程图如图 4-29 所示。

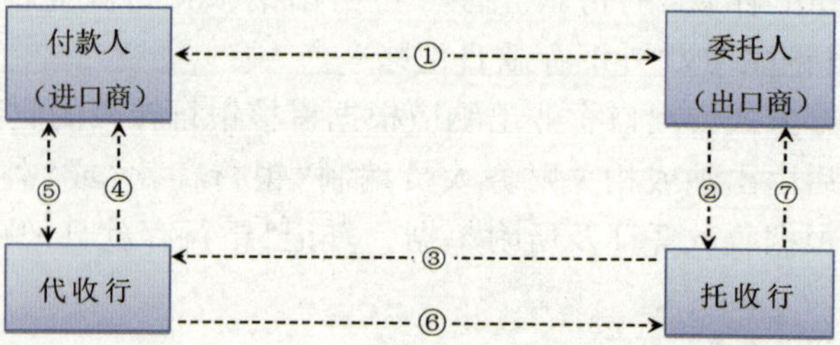

图 4-29

① 交易双方在合同中，规定采用即期付款交单的结算方式。

② 出口商按合同规定发货后，填写委托书，开出即期汇票，连同全套货运单据送交委托银行代收货款。

③ 托收行将汇票连同货运单据，并且说明“托收委托书”上的各项要求，寄交进口地代理银行(即代收行)。

④ 代收行收到汇票及货运单据，即向进口商作出付款提示。

⑤ 进口商付清货款，赎取全套货运单据。

⑥ 代收行邮告或电告托收行。

⑦ 托收行将货款交给委托人(即出口商)。

远期付款交单是指出口商开具远期汇票，通过银行向进口商提示，进口商见票审单后立即承兑，并于汇票到期日付清货款，取得货运单据。

远期付款交单托收结算流程图如图 4-30 所示。

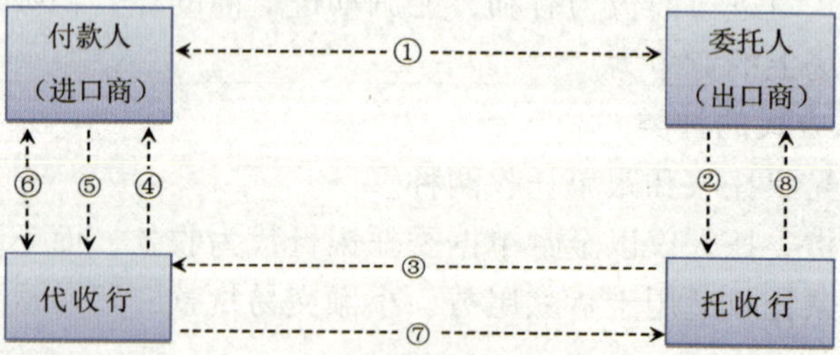

图 4-30

① 交易双方在合同中，规定采用远期付款交单的结算方式。

② 出口商按合同规定发货后，填写委托书，声明“付款交单”，开出远期汇票，连同全套货运单据送交委托银行代收货款。

③ 托收行将汇票连同货运单据，并且说明“托收委托书”上的各项要求，寄交进口地代理银行(即代收行)。

④ 代收行收到汇票及货运单据，即向进口商作出承兑指示。

⑤ 进口商承兑汇票后，代收行保留全套货运单据。

⑥ 到期日，代收行做付款提示，买方付清货款，赎取全套货运单据。

⑦ 代收行邮告或电告托收行，款已收妥转账。

⑧ 托收行将货款交给委托人(即出口商)。

承兑交单(简称 D/A)指代收行以买方承兑汇票作为交付货运单据的依据，待汇票到期，付款人再履行付款义务的一种方式。承兑交单方式只适用于远期汇票的托收。

承兑交单托收结算流程图如图 4-31 所示。

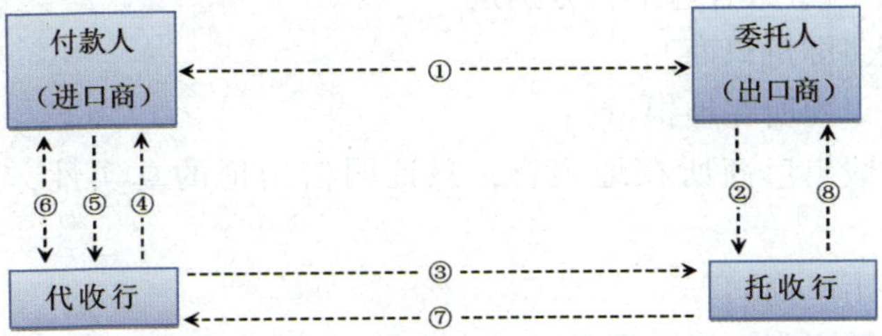

图 4-31

① 交易双方在合同中，规定采用承兑后交单的结算方式。

② 出口商按合同规定发货后，填写委托书，声明“承兑交单”，开出远期汇票，连同全套货运单据送交委托银行代收货款。

③ 托收行将汇票连同货运单据，并且说明“托收委托书”上的各项要求，寄交进口地代理银行(即代收行)。

④ 代收行收到汇票及货运单据，即向进口商作出承兑指示。

⑤ 进口商承兑汇票后，取得全套货运单据，代收行保留汇票。

⑥ 到期日，代收行再做付款提示，买方付清货款。

⑦ 代收行邮告或电告托收行，款已收妥转账。

⑧ 托收行将货款交给委托人(即出口商)。

承兑交单结算方式下，买方可以先提货出售，到期后再付款，对加速资金周转有利。但卖方要收到货款，只得依靠买方的信誉，所以风险比付款交单大。

4. 托收结算方式下的出纳业务

外贸企业发出商品后，出纳应先填制寄往国外的托收申请书，开出汇票，随附规定的提货单等单据，向银行办理交单。收到受理回单和出口销售发票交由会计进行账务处理。

出纳收到结汇通知书后，转交财务进行账务处理。出纳根据会计编制的“银行存款”或“外汇存款”的收款凭证及所附单据登记“银行存款日记账”或“外汇存款日记账”。

三、信用证(Letter of Credit)

信用证(L/C)是银行应进口商(申请人)的要求，开给出口商(受益人)的一种保证承担支付货款责任的书面凭证。信用证的开证银行只凭正确的单据付款，也就是说信用证业务的处理是以单据而不以货物为准。

1. 信用证的基本当事人

托收的基本当事人有六个，分别是：

开证申请人(即进口商)；

开证行(进口商所在地银行)；

通知行(一般出口商所在地银行，只证明信用证的真实性，不承担其他义务)；

受益人(即出口商)；

议付银行(愿意买入或贴现受益人交来的跟单汇票的银行)；

付款银行(即信用证上指定的付款银行)。

2. 信用证结算方式的特点

信用证是纯单据业务，银行在审单时强调的是信用证与基础贸易相分离的书面形式上的认证，只要单据相符，开证行就应无条件付款。

虽然信用证是不依附于贸易合同的一项独立文件，但信用证又必须与贸易合同相符，所以要求出口商要严格地审单审证，保证单证相符。

信用证是一种银行信用，它是银行的一种担保文件。开证银行负首要付款责任。

3. 信用证结算方式的分类

从银行信用这一基本特性出发，信用证可分成不可撤销信用证和可撤销信用证。信用证上没有写明“不可撤销”字样的，按国际惯例视为可撤销信用证。可撤销信用证对受益人风险极大，故在国际贸易中极少使用。我国企业一般使用不可撤销信用证。

以汇票的支付期限划分，信用证可分成即期信用证和远期信用证。国际贸易结算中使用的大部分是即期信用证。

以开证行是否请另一家银行加以保兑划分，信用证可分成保兑信用证和不保兑信用证。保兑信用证具有双重的银行保证。

如果卖方有权指示通知行或议付行，把开具汇票的权利一次全权转让给另一个人使用，则该信用证为可转让信用证；如果卖方只可以将信用证的一部分转让给另一受益人，则该信用证一般称为可分割信用证。我国外贸企业一般不开可转让信用证。

如果买卖双方订有长期外贸合同，定期分批交货和分批结汇，则可使用可循环信用证。所谓可循环信用证是指可多次使用，每次使用后又恢复到原有金额，以便再次使用的信用证。采用可循环信用证可以节省逐笔开证的手续和费用。

信用证结算流程图如图 4-32 所示。

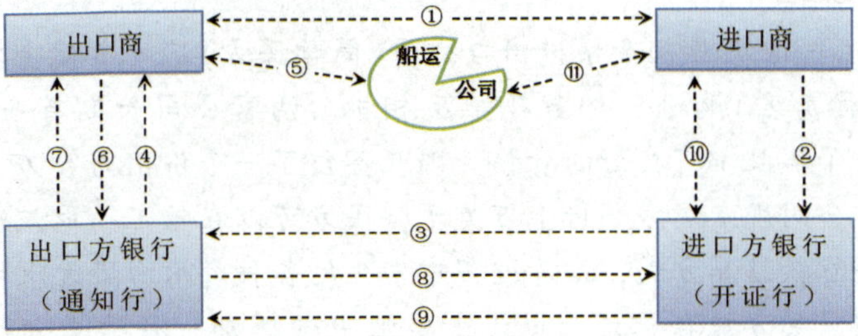

图 4-32

① 交易双方签订购销合同，规定采用信用证结算方式。

② 买方填写“开证申请书”，依照合同填写各项规定和要求，连同押金或其他保证一并提交给开证行，请开证行开证。

③ 开证行根据申请书的内容，向受益人开出信用证，并寄到出口方银行即通知行。

④ 通知行核对印鉴无误后，将信用证提交给出口商。

⑤ 出口商将信用证与合同核对相符后，按信用证的规定装运货物，并取得货运单据。

⑥ 出口商将货运单据交付给通知行。

⑦ 通知行按信用证条款审核单据无误后，扣除利息后，把货款垫付给出口商。

⑧ 通知行将货运单据寄交开证行索偿。

⑨ 开证行核定单据无误后，付款给通知行。

⑩ 进口商接开证行通知后，付款赎单。

⑪ 进口商凭货运单据向船运公司提货。

4. 信用证结算方式下的出纳业务

进口商的出纳向银行申请开证，同时存入银行保证金。收到银行有关单据，应及时交付会计，由会计编制银行存款的“付款凭证”，出纳根据银行存款的付款凭证及所附单据登记“银行存款日记账”。

银行向进口商收取手续费，出纳收到有关单据，应及时交付会计，由会计编制银行存款的“付款凭证”，出纳根据银行存款的付款凭证及所附单据登记“银行存款日记账”。

出口商的出纳收到银行转来的结汇通知，应及时转交财务进行账务处理。出纳根据会计编制的“银行存款”或“外汇存款”的收款凭证及所附单据登记“银行存款日记账”或“外汇存款日记账”。

【业务 4-11】

2021 年 12 月厦门金景进出口公司(简称买方)从日本住金物产株式会社(简称卖方)购进一批数码单反相机。两家公司长期有业务往来，彼此十分了解且都有良好的资信。因此签订了一个价值为 5 万美元的购销合同。合同规定买方预付 1 万美元，买方可以在信汇、电汇和票汇中选择一种货款结算方式，结算过程中发生的各种费用由买方承担。

请问，买方应在信汇、电汇、票汇中选择哪一种结算方式比较适宜？并简述该结算方式的结算程序。

业务处理

买方选择票汇比较适宜。信汇不能背书转让，且时间较长；电汇虽然时间短但费用高，选择票汇对双方均方便。

双方应在购销合同中确定款项的结算方式。票汇的结算步骤包括：

① 汇款人填写“票汇申请书”，并上交货款及银行办理票汇的费用给汇出行。

② 汇出行签发“银行即期汇票”给进口商。

③ 进口商将“银行即期汇票”传递给出口商。

④ 汇出行向汇入行发送“汇票通知书”。

⑤ 进口商持“银行即期汇票”到汇入行办理收款业务。

⑥ 汇入行核实后，付款给进口商。

⑦ 汇入行向汇出行发出“付讫通知”。

项目五 银行借款业务

学习目标

1. 了解企业借款的条件，掌握办理银行借款的程序，坚持依法办理借款业务。
2. 了解短期借款的核算内容，掌握短期借款的账务处理。

子项目1 银行借款的条件和程序

银行借款是指企业向银行或者其他非银行金融机构借入的、需要在规定的期限内还本付息的款项。

一、银行借款的分类

（1）按提供贷款的机构可分成政策性银行借款、商业银行借款、其他金融机构借款。

① 政策性银行借款是企业从执行政策性银行借入的款项。目前执行国家政策性贷款业务的银行主要有国家开发银行、中国进出口信贷银行、中国农业发展银行等。

② 商业银行借款是企业从各商业银行借入的款项。目前国内商业银行众多，有工商银行、农业银行、建设银行、中国银行、交通银行、民生银行、光大银行等。

③ 其他金融机构借款是企业从其他金融机构借入的款项。各类依法设立的信托投资公司、财务公司、保险公司均属于其他金融机构。

（2）按机构对借款有无担保要求可分成信用借款、抵押借款和贴现借款。

① 信用借款是指借款企业凭证自身信誉或担保人的信誉而取得的借款。

② 抵押借款是指借款企业以提供抵押产品为条件向银行取得的借款。抵押品可以是不动产、实物资产，也可以是有价证券。银行一般按抵押品价值的 20% 至 90% 提供借款金额。

③ 贴现借款是企业利用银行承兑汇票或者商业承兑汇票向银行申请办理贴现的一种借款，贴现借款期限最长不得超过 6 个月。

（3）按借款期限的长短可分成短期借款、中期借款、长期借款。

① 短期借款是偿还期在 1 年以内（含 1 年）的各种借款。

② 中期借款是偿还期在 1 年以上（不含 1 年）5 年以下（含 5 年）的各种借款。

③ 长期借款是指偿还期在 5 年以上（不含 5 年）的各种借款。

二、银行借款的条件

国家非常重视实体经济的发展，银行特别是国有银行也不断出台支持实体经济发展的金融政策，企业特别是小微企业获得金融服务更便捷了。但企业如果要向银行借款，也应当满足一定的条件，否则银行也不会同意贷款。这些条件包括：

① 企业依法成立，能提供营业执照、组织机构代码证、银行开户许可证、税务登记证等。

② 企业管理规范，有规范的组织机构、经营制度和财务制度。

③ 企业经营合法，各类财务数据完整真实，无重大不良记录。

④ 企业有正常经营所需的一定数量的自有资金，有经济收入和还款能力。

三、银行借款的程序

企业满足借款条件，并按银行规定的流程办理相关手续，便可借到所需款项。企业办理借款流程如图 5-1 所示。

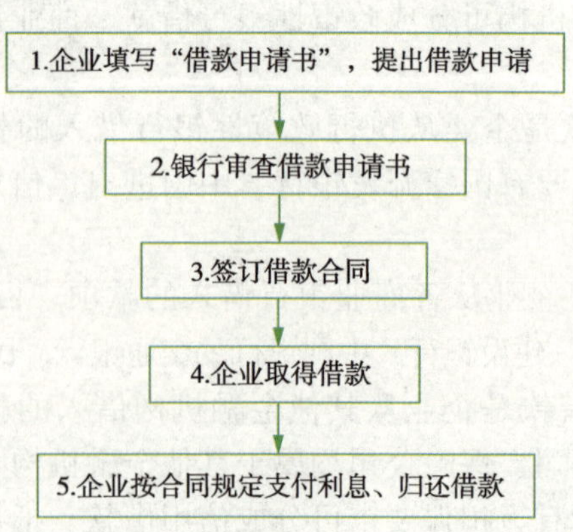

图 5-1

企业取得借款时就要开始制定还款计划，积极筹措金资，确保按《借款合同》的规定，及时足额偿还借款。如果企业不能按期足额归还借款，应在到期前申请展期，如果企业没有申请展期或者申请展期未获批准，借款从到期次日起按逾期借款处理。

出纳人员对借入款项应作详细记录，明确每笔借款的借入时间、借入金额、利息支付的金额及时间、本金归还时间，定期将款项划入还款账号。

【业务 5-1】

2021 年 1 月 5 日，福建著成服饰股份有限公司为了解决生产经营流动资金困难，拟向中国农业银行晋江支行申请流动资金借款人民币叁佰万元整，期限一年，公司拟以现有土地及地上附着物作为贷款抵押。

公司出纳接受了撰写《借款申请书》以及提供相关资料的任务。

业务处理

福建著成服饰股份有限公司出纳撰写的《借款申请书》如图 5-2 所示。

借款申请书

中国农业银行晋江支行：

福建著成服饰股份有限公司是晋江市服装行业股份制重点企业，为解决生产经营流动资金的困难，特向贵行申请流动资金借款人民币叁佰万元，期限一年，公司以厂区的土地使用权作为抵押，申请此笔贷款。随同本申请一并提交相关资料（详见资料清单）供贵行贷款决策时参考，请审核，并欢迎贵行派员到我公司调查。

本公司在此郑重承诺：

①所提供的资料真实、合法、有效；若所提供的资料失真，由此产生的一切后果由本单位承担；

②如需其他资料，本公司将在贵行业务经理进行贷款调查时提供；

③无论贵行是否提供贷款，我公司均同意所提供的一切资料（特别申明的除外）留贵行存档，不必退回。

此致

申请单位：福建著成服饰股份有限公司

法人代表：庄著成 庄著印成

2021 年 1 月 5 日

图 5-2

附：出纳提供的《资料清单》

① 福建著成服饰股份有限公司的基本情况。

② 福建著成服饰股份有限公司 2019 年、2020 年的年度财务报告。

③ 福建著成服饰股份有限公司厂区土地使用权证书原件(审核后应退回)、复印件以及对该土地使用权有处分权人同意抵押的证明。

④ 本借款项目的可行性报告及建议。

⑤ 福建著成服饰股份有限公司之前向中国农业银行晋江支行的贷款使用及偿还情况。

⑥ 贷款银行要求提供的其他相关资料。

子项目 2 短期借款业务

短期借款是指企业向银行或者其他非银行金融机构借入的，偿还期在一年以内(包含一年)的各类借款。

一、短期借款的分类

短期借款按用途可以分成经营周转借款、临时借款和结算借款。

① 经营周转借款是指企业因流动资金不能满足正常的生产经营需要，而向银行或其他金融机构借入的款项。

② 临时借款指企业因季节性或临时客观原因，正常周转的资金不能满足需要，向银行借入的超过正常生产经营款额的短期借款。临时借款实行“逐笔核贷”的办法，借款期限一般为 3 至 6 个月，按规定用途使用，并按核算期限归还。

③ 结算借款指企业在异地销售商品时，为了解决在途结算资金的占用问题，以托收凭证为保证，向银行取得的借款。

二、短期借款的核算

企业应设置并通过“短期借款”“应付利息”等账户，对企业短期借款的借入与归还、利息的提取与支付等业务进行会计核算。

① 企业取得短期借款，应根据银行借款转存凭证(借款借据)编记账凭证(用分录代替)。

借：银行存款

　　贷：短期借款—某某银行

提示：短期借款可以按提供贷款的机构、借款种类和币种设置明细分类账。

出纳根据所编制的记账凭证登记“银行存款日记账”。

② 按月提取应付利息，根据自制“利息计提单”编制记账凭证(用会计分录代替)。

借：财务费用
　贷：应付利息—某某银行

提示：应付利息按提供贷款的机构设置明细分类账。

③ 支付利息，根据银行的“(计算)利息清单”编制记账凭证(用会计分录代替)。

借：应付利息(已经提取的利息)
　财务费用(尚未提取的利息)
　贷：银行存款

出纳根据所编制的记账凭证登记“银行存款日记账”。

④ 偿还借款本金，根据支票存根和进账单(回单)编记账凭证(用分录代替)。

借：短期借款—某某银行
　贷：银行存款

出纳根据所编制的记账凭证登记“银行存款日记账”。

【业务 5-2】

2021 年 1 月 15 日，中国农业银行晋江支行同意向福建著成服饰股份有限公司提供流动资金贷款人民币叁佰万元整，公司出纳员负责与银行联系，一起办理具体的贷款业务。

业务处理

福建著成服饰股份有限公司出纳与银行约定企业存款账号为 3205138889，用来收存借款和归还借款、支付利息。

中国农业银行晋江支行以福建著成服饰股份有限公司的名义开设了一个贷款账号，账号为 3204446779，它是银行的内部账号。

发放贷款：

中国农业银行晋江支行将人民币叁佰万元从企业贷款账号(3204446779)划入企业的存款账号(3205138889)。

支付利息：

出纳确保付息日银行存款账号的存款余额足够支付利息。

付息日，无须企业出纳填写支票，银行可直接将企业存款账号(3205138889)中与利息等额的存款金额划入贷款账号(3204446779)。

本金偿还：

贷款到期日，企业出纳员填写支票，到银行柜台或通过网银办理转账，将人民币叁佰万元从银行存款账号划转到银行贷款账号。

提示：企业存款账号与银行贷款账号的关系如图 5-3 所示。

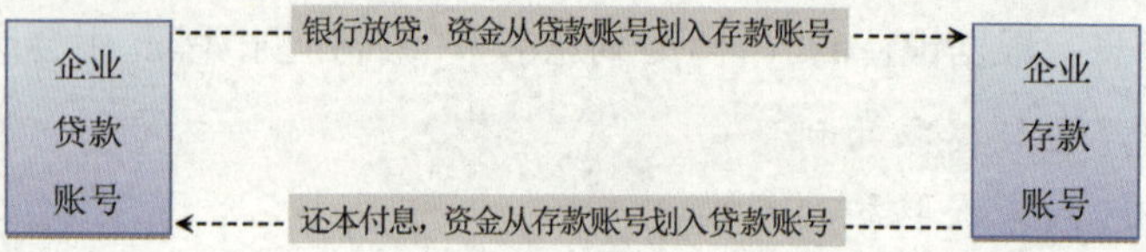

图 5-3

子项目 3　长期借款业务

长期借款是偿还期在一年以上(不包含一年)的各种借款，会计核算中的长期借款包含了中期借款和长期借款。

一、长期借款本金的账务处理

① 企业取得长期借款，应根据银行借款转存凭证(借款借据)编记账凭证(用分录代替)。

借：银行存款

　　贷：长期借款—某某银行

提示：长期借款可以按提供贷款的机构、借款种类和币种设置明细分类账。

② 偿还借款本金，根据支票存根和进账单(回单)编记账凭证(用分录代替)。

借：长期借款—某某银行

　　贷：银行存款

二、长期借款利息费用的账务处理

企业设置并通过“长期借款—应计利息”账户，对长期借款利息进行账务处理。

(1) 企业一般在年末提取长期借款利息，也可能在季末或月末提取长期借款利息，提取利息时，根据是否满足资本化条件，分别处理如下：

① 符合资本化条件的，应计入固定资产、无形资产、存货等相关资产的成本。

借：在建工程/研发支出/制造费用等科目
　　贷：长期借款—应计利息

② 不符合资本化条件的，应计入财务费用。

借：财务费用
　　贷：长期借款—应计利息

（2）归还长期借款利息。

借：长期借款—应计利息
　　贷：银行存款

【业务 5-3】

福建海利股份有限公司于 2020 年 1 月 1 日从中国建设银行金海岸支行借入“A 型设备改扩建工程”款 400000 元，借款期限二年，年利率 7.2%，利息按年支付。

借款转存凭证如图 5-4 所示。

中国建设银行借款借据（回单）

2020 年 1 月 1 日

借款单位	福建海利股份有限公司			存款户账号	3526 6804 5500 7323
贷款种类	改扩建工程	利率	年（率）7.2%	贷款户账号	3501 7705 1919 0044
贷款金额（大写）	人民币肆拾万元整			千 百 十 万 千 百 十 元 角 分	¥ 4 0 0 0 0 0 0 0
贷款原因或用途	工程结算			约定还款日期	2021 年 12 月 31 日
系统合同号	借字第 0098 号			上列款项转入你单位的存款账户 中国建设银行股份有限公司 金海岸支行 2020.01.1 办讫章（1）	

图 5-4

业务处理

会计根据“借款借据（回单）”编制记账凭证（用分录代替）。

借：银行存款　　400000.00
　　贷：长期借款—中国建设银行金海岸支行　　400000.00

出纳根据记账凭证及所附的原始凭证登记“银行存款日记账”。

【业务 5-4】

福建海利股份有限公司于 2020 年 1 月 1 日支付“A 型设备改扩建工程”款 400000 元，银行转账支票存根和工程款发票分别如图 5-5 和图 5-6 所示。

中国建设银行
支票存根
50339047
06702119

附加信息

出票日期 2020 年 1 月 1 日

收款人：晋江紫华建设股份有限公司	
金额：¥400 000.00	
用途：预付工程款	

单位主管：林紫印财　　会计：陈意先

图 5-5

福建省增值税专用发票

此联不作报销、扣税凭证使用

机器编号：329000435217

开票代码：0423005100252
开票号码：0812153363
开票日期：2020 年 1 月 1 日
校验码：90245 66558 91581 36433

购买方	名称：福建海利股份有限公司 纳税人识别号：32050 3251823719 539 地址、电话：晋江市向海路 77 号 0595—4008832 开户行及账号：中国建设银行晋江支行 3526 6804 5500 7323	密码区	电脑自动生成

货物或应税劳务、服务名称	规格型号	单位	数量	单价	金额	税率	税额
改扩建工程款	A	条	1	353982. 30	353982. 30	13%	46 017. 70
合计					¥353982. 30		¥46 017. 70
价税合计（大写）	※肆拾万元整				（小写）¥400 000. 00		

销售方	名　　称：晋江紫华建设股份有限公司 纳税人识别号：91350 58219 73360 836 地　址、电　话：晋江工业园区 18 幢 0595—8350892 开户行及账号：中国建设银行晋江支行 3561 0094 5001 3737	备注	晋江紫华建设股份有限公司 913505821973360836 发票专用章

收款人：　　复核：　　开票人：曾 林　　销货方：（章）

第三联：发票联 购买方记账凭证

图 5-6

业务处理

会计根据“借款借据(回单)”编制记账凭证(用分录代替)。

借：在建工程—A 型设备改扩建工程　　353982.30

　　应交税费—应交增值税(进项税额)　　46017.70

　　贷：银行存款　　400000.00

出纳根据记账凭证及所附的原始凭证登记“银行存款日记账”。

【业务 5-5】

福建海利股份有限公司于 2020 年 12 月 31 日，计提“A 型设备改扩建工程”借款 40 万元的年度借款利息(年利率详见图 5-4)，请计算该公司本年度应计提的借款利息并编制相应的记账凭证。

业务处理

会计根据自制的“利息计提清单”(略)编制记账凭证(用分录代替)。

借：在建工程—A 型设备改扩建工程　　28800.00

　　贷：长期借款—应计利息(400000×7.2%)　　28800.00

【业务 5-6】

中国建设银行金海岸支行于 2021 年 1 月 1 日，从福建海利股份有限公司的存款账号上划走了人民币 28800 元。有关原始凭证如图 5-7 所示。

中国建设银行 China Construction Bank　　**（计算）利息清单**

币种：人民币　　2021 年 1 月 1 日　　流水号：

户名：福建海利股份有限公司			账号：3501 7705 1919 0044		
计息项目	起息日	结息日	本金	利率	利息
	2020.01.01	2020.12.31	400 000.00	7.2%	28 800.00
合计（大写）	人民币贰万捌仟捌佰元整				￥28 800.00
上述贷款利息，已从你单位 3526 6804 5500 7323 存款账户中支付。			银行盖章（中国建设银行股份有限公司金海岸支行 2021.01.01 办讫章（4））		

图 5-7

业务处理

会计根据自制的"利息计提清单"(略)编制记账凭证(用分录代替)。

借：长期借款—应计利息	28800.00
贷：银行存款	28800.00

出纳根据记账凭证及所附的原始凭证登记"银行存款日记账"。

【业务 5-7】

2021 年 1 月 1 日，"A 型设备改扩建工程"完工决算(账务处理略)，2021 年 12 月 31 日提取借款 400000 元的年度借款利息(年利率详见图 5-4)，请计算本年应提利息并编制相应的记账凭证。

业务处理

会计根据自制的"利息计提清单"(略)编制记账凭证(用分录代替)。

借：财务费用	28800.00
贷：长期借款—应计利息(400000×7.2%)	28800.00

说明：工程 2021 年 1 月 1 日已完工，所以本年度长期借款利息应计入"财务费用"。

【业务 5-8】

2022 年 1 月 1 日借款到期，归还借款本金以及第二年的利息，有关单据详见图 5-8～图 5-10。请根据审核无误的原始凭证编制相应的记账凭证(以会计分录代替记账凭证)。

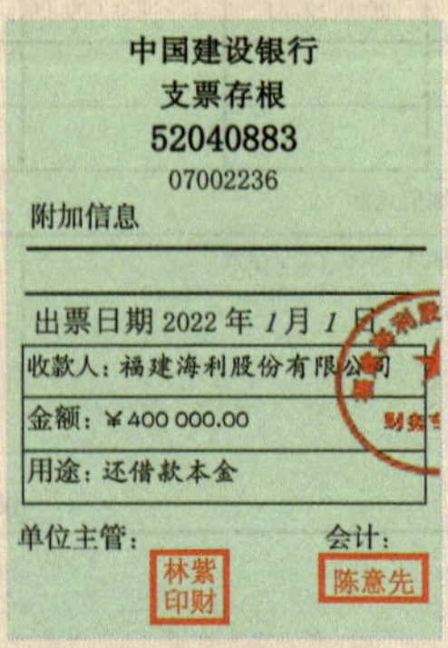
中国建设银行
支票存根
52040883
07002236
附加信息
出票日期 2022 年 1 月 1 日
收款人：福建海利股份有限公司
金额：¥400 000.00
用途：还借款本金
单位主管：林紫印财
会计：陈意先

图 5-8

中国建设银行进账单（回单）

2022年1月1日

出票人	全称	福建海利股份有限公司	收款人	全称	福建海利股份有限公司
	账号	3526 6804 5500 7323		账号	3501 7705 1919 0044
	开户银行	中国建设银行金海岸支行		开户银行	
金额	人民币肆拾万元整				千 百 十 万 千 百 十 元 角 分 ¥ 4 0 0 0 0 0 0 0
票据种类	支票	票据张数	1		
票据号码	07002236				
复核记账			开户银行盖章		

中国建设银行股份有限公司
金海岸支行
2021.01.0
票据受理专用公章（4）
（收妥抵用）

图 5-9

（计算）利息清单

中国建设银行 China Construction Bank

币种：人民币 2022年1月1日　　流水号：

户名：福建海利股份有限公司			账号：3501 7705 1919 0044		
计息项目	起息日	结息日	本金	利率	利息
	2020.01.01	2020.12.31	400 000.00	7.2%	28 800.00
合计（大写）	人民币贰万捌仟捌佰元整				¥28 800.00
上述贷款利息，已从你单位3526 6804 5500 7323存款账户中支付。			银行盖章		

中国建设银行股份有限公司
金海岸支行
2022.01.01
办讫章
（4）

图 5-10

业务处理

会计根据自制的“利息计提清单”(略)编制记账凭证(用分录代替)。

借：长期借款—中国建设银行金海岸支行	400000.00
长期借款—应计利息	28800.00
贷：银行存款	428800.00

出纳根据记账凭证及所附的原始凭证登记“银行存款日记账”。

项目六 库存现金与银行存款的对账及结账

学习目标

1. 了解对账与结账的原理、步骤。
2. 熟练掌握库存现金、银行存款的对账业务。
3. 熟练掌握库存现金、银行存款的结账业务。
4. 坚持及时、按规定程序办理对账、结账业务，确保货币资金安全。

子项目1 库存现金的对账业务

对账一般在月末(具体时间为记账之后结账之前)进行。对账业务包括账证核对、账账核对和账实核对。

一、库存现金的账证核对

库存现金的账证核对是指企业的“库存现金日记账”与库存现金的记账凭证及其所附原始凭证的核对，其主要内容包括：

① 时间核对：“库存现金日记账”记录某一业务的时间与反映该业务记账凭证上标记的时间是否一致。

② 字号核对：“库存现金日记账”记录某一业务的字号与反映该业务记账凭证上标记的字号是否一致。

③ 内容核对：“库存现金日记账”记录某一业务的内容(主要指摘要)与反映该业务记账凭证上的摘要及反映该业务原始凭证上呈现的内容是否一致。

④ 金额核对：“库存现金日记账”记录某一业务的金额(指本期发生额)与反

映该业务记账凭证及所附原始凭证上的金额是否一致。

⑤ 方向核对:"库存现金日记账"记录某一业务的方向(指本期发生额的方向)与反映该业务记账凭证及上标记的方向是否一致。

特别提醒:任何一笔库存现金的收付都必须有原始凭证为依据。

二、库存现金的账账核对

库存现金的账账核对，是指将"库存现金总账"与"库存现金日记账"进行核对，包括本期发生额及期末余额的核对。

三、库存现金的账实核对

库存现金的账实核对是通过财产清查来完成的。库存现金的清查包括出纳人员每日终了前进行的现金账款核对和企业组织的清查小组所进行的现金清查。本节内容讲述的是企业组织的现金清查，包括现金盘点、核对及账务处理。

(一) 清查人员

清查领导小组派出的清查人员、出纳人员。

说明:出纳人员必须参加企业组织的现金清查，但出纳人员不得单独承担企业组织的现金清查工作。

(二) 清查方法

库存现金的清查采用实地盘点法，具体操作步骤如下:

① 清点现金，确定库存现金实存数。清点时不得以收据、借据充抵现金，并注意库存现金有无超过限额，有无坐支现金等违反现金管理规定的现象。

② 将库存现金实际结存数与"库存现金日记账"的账面结存数进行核对，确定现金的长短款数额。

③ 编制"库存现金盘点表"，盘点人员和出纳人员都要在上面签章。

(三) 账务处理

财产清查过程中发现库存现金长款或短款，应通过"待处理财产损溢—待处理流动资产损溢"账户进行账务处理。

1. 长款

① 发现长款但尚未查明原因(即批准前)的账务处理。

借:库存现金

　　贷:待处理财产损溢—待处理流动资产损溢

出纳根据记账凭证及所附原始凭证登记"库存现金日记账"。

② 根据长款原因进行处理(即批准后)的账务处理。

借：待处理财产损溢—待处理流动资产损溢
　　贷：其他应付款(应支付给有关单位和人员的长款)
　　　　营业外收入—盘盈收益(原因不明的现金长款)

2. 短款

① 发现短款但尚未查明原因(即批准前)的账务处理。

借：待处理财产损溢—待处理流动资产损溢
　　贷：库存现金

出纳根据记账凭证及所附原始凭证登记“库存现金日记账”。

② 根据短款原因进行处理(即批准后)的账务处理。

借：其他应收款(应由责任人赔偿部分)
　　营业外支出—盘亏损失(原因不明的现金短款)
　　贷：待处理财产损溢—待处理流动资产损溢

【业务6-1】

2021年12月18日，福建海利股份有限公司对库存现金进行不定期清查，发现“库存现金日记账”当日账面余额比库存现金多出98元，原因待查。

库存现金盘点表如图6-1所示。

库存现金盘点表

币种：人民币　　　　盘点日期：2021年12月18日

核对账目					
实点现金		《现金日记账》账面余额		长款□短款☑	
1460.00		1558.00		98.00	
备注		原因待查			
清点现金					
货币面额	张数	金额	货币面额	张数	金额
壹佰元	12	1 200.00	伍角	4	2.00
伍拾元	0	0	贰角	0	0
贰拾元	4	80.00	壹角	0	0
壹拾元	5	50.00	伍分	0	0
伍元	20	100.00	贰分	0	0
贰元	5	10.00	壹分	0	0
壹元	18	18.00	实点	合计	1460.00

企业负责人：　　会计主管：　　出纳员：　　清点人员：

图6-1

业务处理

会计根据自制的"库存现金盘点表"编制记账凭证(用分录代替)。

借：待处理财产损溢—待处理流动资产损溢	98.00
贷：库存现金	98.00

出纳根据记账凭证及所附"库存现金盘点表"登记"现金日记账",调减账面记录。

【业务6-2】

2021年12月28日，经核查，现金短款是因出纳王静在现金收付过程中未按规定流程操作造成的，应由其赔偿，待下月发放工资时扣除。

业务处理

会计根据自制原始凭证(略)编制记账凭证(用分录代替)。

借：其他应收款—王静	98.00
贷：待处理财产损溢—待处理流动资产损溢	98.00

子项目2 银行存款的对账业务

银行存款的对账业务包括账证核对、账账核对、账实核对，本子项目主要讲述银行存款的账实核对业务。

一、银行存款的账证核对

银行存款的账证核对是指企业的"银行存款日记账"与银行存款的记账凭证及其所附原始凭证的核对，包括时间、字号、内容、金额及方向的核对。(与库存现金的账证核对相同)

二、银行存款的账账核对

银行存款的账账核对，是指将"银行存款总账"与"银行存款日记账"进行核对，包括本期发生额及期末余额的核对。

三、银行存款的账实核对

银行存款的账实核对是通过银行存款的财产清查来完成的。

（一）银行存款的清查方法

银行存款的清查方法是账项核对。企业定期将“银行存款日记账”与开户行转来的“银行对账单”逐笔核对，以查明账实是否相符。

（二）银行存款账实不符的原因

如果企业和开户银行的记账均正确无误，账实不符一般是由未达账项造成。

所谓未达账项就是由于在结算凭证在企业与银行之间的传递上有先有后，造成一方已登记入账而另一方尚未登记入账的款项。

未达账项有以下四种：

① 企业已记增加，开户行未收到结算凭证尚未记增加；

② 企业已记减少，开户行未收到结算凭证尚未记减少；

③ 开户行已记增加，企业未收到结算凭证尚未记增加；

④ 开户行已记减少，企业未收到结算凭证尚未记减少。

（三）银行存款余额调节表

若是重记、漏记、错记造成账实不符，则应按规定的手续和方法更正错账；如果是未达账项造成的账实不符，则通过编制“银行存款余额调节表”进行调节。

调节后相符的银行存款余额是单位可以使用的银行存款实有数。

银行存款余额调节表不能作为单位调整账面记录的原始凭证，只有在收到未达账项的结算凭证后，才能按规定的核算程序调整账面记录。

【业务 6-3】

2021 年 12 月 28 日，新联软件公司出纳与开户银行核对当月 21 日至 31 日的账目。银行提供的对账单如图 6-2 所示；企业银行存款日记账如图 6-3 所示。

中国建设银行 China Construction Bank

对账单 A/C Statement

户名 Name 新联软件公司

账号：A/C 389 6688 165　　币种 Currency 人民币　　月份 MOnth 9　　页数 page1

日期 Date	凭证种类 Vouchen Tybe	凭证号码 Vouchen No.	摘要 Particulars	借方发生额 Debit	贷方发生额 Credit	余额 Balance
2021/09/01			货款		10 490.00	458 907.35
2021/09/02			运费	500.00		458 407.35
2021/09/05			提取现金	2 000.00		456 407.35
2021/09/06			货款	4 500.00		451 907.35
2021/09/10			电费	14 923.35		436 984.00
2021/09/20			利息		3 600.00	440 584.00
2021/09/24			维修费	750.00		439 834.00
2021/09/29			电话费	1980.00		437 854.00
2021/09/30			货款		67 800.00	505 654.00

此对账单如有差错，请于 10 内通知开户银行，否则视为核对无误。　打印时间 Print Date　2021/10/01

联系电话 Tel　　传真 Fax

开户行 Bank　　金海岸支行

图 6-2

银行存款日记账

2021年 月	日	凭证号数	摘要	借方金额 十	万	千	百	十	元	角	分	核对	贷方金额 十	万	千	百	十	元	角	分	核对	结存 十	万	千	百	十	元	角	分	核对
9	01	收 1	收到前欠货款		1	0	4	9	0	0	0												4	5	8	9	0	7	3	5	√
9	02	付 1	支付运费													5	0	0	0	0			4	5	8	4	0	7	3	5	√
9	05	付 2	提取现金												2	0	0	0	0	0			4	5	6	4	0	7	3	5	√
9	05	付 3	预付货款												4	5	0	0	0	0			4	5	1	9	0	7	3	5	√
9	10	付 4	支付电费											1	4	9	2	3	3	5			4	3	6	9	8	4	0	0	√
9	20	收 2	收到存款利息			3	6	0	0	0	0												4	4	0	5	8	4	0	0	√
9	24	付 5	支付维修费													7	5	0	0	0			4	3	9	8	3	4	0	0	√
9	29	付 6	预付货款											5	6	5	0	0	0	0			3	8	3	3	3	4	0	0	√
9	30	收 2	收到订金		2	2	6	0	0	0	0												4	0	5	9	3	4	0	0	√

图 6-3

业务处理

双方记账均正确无误，账实不符是由未达账项造成的。经逐笔核对，未达账项总共有四笔，分别是：

① 9 月 29 日银行代缴电话费 1980 元，银行已登记入账，企业尚未登记入账。

②9月30日货款67800元已汇入企业账户，银行已登记入账，企业尚未登记入账。

③9月29日，企业预付货款56500元已登记入账，银行尚未登记入账。

④9月30日，企业收到订金22600元已登记入账，银行尚未登记入账。

编制银行存款余额调节表，如图6-4所示。

银行存款余额调节表

银行账号：　　2021年9月30日　币种：人民币

银行对账单	金额									银行存款日记账	金额								
	百	十	万	千	百	十	元	角	分		百	十	万	千	百	十	元	角	分
调节前的余额		5	0	5	6	5	4	0	0	调节前的余额		4	0	5	9	3	4	0	0
加：企业已收、银行未收的金额			2	2	6	0	0	0	0	加：银行已收、企业未收的金额			6	7	8	0	0	0	0
减：企业已付、银行未付的金额			5	6	5	0	0	0	0	减：银行已付、企业未付的金额				1	9	8	0	0	0
调节后的余额		4	7	1	7	5	4	0	0	调节后的余额		4	7	1	7	5	4	0	0

会　计： 王新程　　　　**出　纳：** 陈中华

图6-4

子项目3　库存现金及银行存款的结账业务

结账就是在一定时期的经济业务已全部登记入账的基础上，核对无误后，结出各种账簿的本期发生额及期末余额，为编制会计报表提供依据。

根据有关规定，会计人员对库存现金日记账应按日结账（银行存款日记账由企业视情况而定，可以日结也可以和其他账户一样按月、按季、按年结账），对其他账户按月、按季、按年结账。

一、日结

库存现金日记账，在当日最后一笔现金业务下面划一道通栏单红线，加计本日收入发生额和支出发生额，在“摘要”栏内注明“本日合计”字样，再在下面划一道通栏单红线。对于“本日合计”栏，可以不填写当日余额。

库存现金日记账的日结情况如图 6-5 所示。

库存现金日记账

2021年月	日	凭证编号	摘要	借方金额（十万千百十元角分）	核对	贷方金额（十万千百十元角分）	核对	结存（十万千百十元角分）	核对
			上年结转					390000	√
1	01	付 1	张丰报销差旅费			50000		340000	√
1	01	付 2	退还押金			200000		140000	√
			本日合计			450000			
1	2	付 3	提取现金	300000				440000	√
1	2	收 1	出售废品收入	27000				467000	√
1	2	付 4	刘闽个人借款			15000		317000	√
			本日合计	327000		15000			

图 6-5

提示："日清月结"是针库存现金日记账，银行存款日记账不需要日结。

二、月结

库存现金日记账和银行存款日记账都需要月结。

库存现金日记账，在每月最后一天"本日合计"的下一行，结出本月发生额；银行存款日记，在每月最后一笔数据的下一行，结出本月发生额。

方法是把每月的收入发生额和支出发生额累加起来，在"摘要"栏内注明"本月合计"字样，在"本月合计"行下面划一道通栏单红线即可。

某企业银行存款日记账的月结情况如图 6-6 所示。

银行存款日记账-工商银行

2021年月	日	凭证编号	摘要	借方金额（百十万千百十元角分）	核对	贷方金额（百十万千百十元角分）	核对	结存（百十万千百十元角分）	核对
			承上页	26450000		15380000		1900000	
2	1	付 1	付办公用品款			320000		1868000	
2	10	付 2	发放工资			8130000		1055000	
2	19	收 1	收到货款	3390000				1394000	
2	28	付 3	付本季借款利息			3600000		1034000	
			本月合计	3390000		12050000		1034000	
			本年累计	29840000		27430000			

图 6-6

说明：对需要结计“本年累计”的账户，“过次页”的本页合计数应从本年初算起到本页末止。

三、年结

库存现金日记账和银行存款日记账都需要结计本年累计发生额。

方法是在每月份的“本月合计”行下一行，结出自年初起至本月末止的累计发生额及余额，在“摘要”栏内注明“本年累计”的字样，在 1 至 11 月份的“本年累计”行下面划通栏单红线。在 12 月份的“本年累计”行下面划通栏双红线，因为 12 月份的“本年累计”就是全年累计。

在 12 月份的“本年累计”行下一行的“摘要”栏内，注明“结转下年”。这样年末余额就自动结转到下一年的年初，不需要人为把余额调平。

年末余额结转后的账页有空行的不必划销。

年初建新账，将上年的期末余额作为本年的期初余额，并在“摘要”栏内注明“上年结转”即可。

【业务 6-4】

某企业 2021 年 12 月份“银行存款日记”（见图 6-7）已登记完本月最后一笔业务，请结计“本月合计”“本年累计”，并将本年期末余额结转下年。

银行存款日记账-工商银行

2021年		凭证编号	摘要	借方金额									核对	贷方金额									核对	结存									核对
月	日			百	十	万	千	百	十	元	角	分		百	十	万	千	百	十	元	角	分		百	十	万	千	百	十	元	角	分	
			承上页	2	5	9	2	0	0	0	0	0		1	5	3	3	6	0	0	0	0		1	1	3	7	7	0	0	0	0	
12	01	付 1	返回包装物押金														2	0	0	0	0	0		1	1	3	7	7	0	0	0	0	
12	10	付 2	发放工资												1	5	6	4	0	0	0	0			9	7	9	3	0	0	0	0	
12	18	付 3	支付广告费													8	4	8	0	0	0	0			8	9	4	5	0	0	0	0	
12	18	收 1	产品销售收入		1	6	9	5	0	0	0	0												1	0	6	4	0	0	0	0	0	
12	31	付 3	付本季借款利息													7	2	0	0	0	0	0			9	9	2	0	0	0	0	0	
12	31	付 4	归还流动借款本金												5	0	0	0	0	0	0	0			4	9	2	0	0	0	0	0	

图 6-7

业务处理

已完成 12 月份的“本月合计”“本年累计”，并将 2021 年的银行存款期末余额结转到下一年度，具体如图 6-8 所示。

银行存款日记账—工商银行

2021年 月	日	凭证编号	摘要	借方金额（百十万千百十元角分）	核对	贷方金额（百十万千百十元角分）	核对	结存（百十万千百十元角分）	核对
			承上页	259200000		153360000		113770000	
12	01	付 1	返回包装物押金			200000		113770000	
12	10	付 2	发放工资			15640000		9793000 0	
12	18	付 3	支付广告费			8480000		89450000	
12	18	收 1	产品销售收入	16950000				106400000	
12	31	付 3	付本季借款利息			7200000		99200000	
12	31	付 4	归还流动借款本金			50000000		49200000	
			本月合计	16950000		81520000		49200000	
			本年累计	276150000		234880000		49200000	
			结转下年						

图 6-8

项目七 出纳报告

学习目标

1. 了解出纳报告的含义，知晓出纳报告的编制要求。
2. 熟悉出纳报告的结构，熟练掌握出纳报告的编制办法。
3. 能独立编制一份完整、正确的出纳报告。
4. 养成严谨、细致、精准的职业精神及行为。

出纳报告展示了出纳工作的最终成果，也是单位经营决策的重要依据之一。所谓出纳报告，就是由出纳提供的，定期报告本单位货币资金、有价证券等的收、支、存等情况的内部报表。

通过出纳报告，出纳与总账会计可以核对库存现金、银行存款、有价证券的期末余额。

一、出纳报告的编制要求

1. 定期编制、及时报送

出纳报告的报告期可与本单位的总账会计汇总记账周期相一致。如果本单位总账 10 天汇总一次，则出纳报告单 10 天编制一次。但是本单位货币收支业务频繁、金额较大的，或者单位管理上有需要的，出纳可就库存现金和银行存款的情况每天编制一次出纳报告，并上报单位负责人。

2. 数字真实、内容完整

出纳报告单的项目内容应当与出纳日记账、有关明细账以及备查簿的内容相符，保证出纳信息的真实、完整和准确。

出纳报告虽然属于单位内部资料，但出纳在接受国家行政部门如工商、审计、税务等部门审查时，也应按规定及时提供真实的出纳报告，不得隐瞒篡改出纳报告的相关信息。

3. 遵守纪律保守秘密

出纳人员以及有关人员应严格遵守单位的财经纪律，未经单位负责人或主管部门领导的批准，不得任意传送出纳报告或者泄露出纳报告的内容，否则将给予纪律处分，如果涉及违法的，还将移送有关部门依法处理。

二、出纳报告的结构及编制

1. 出纳报告的编制依据

出纳报告的编制依据是审核无误的库存现金日记账、银行存款日记账、有价证券明细账以及银行对账单等核算资料。

2. 出纳报告的结构及编制

(1) 出纳报表横向项目：

① 上期结存项目应根据报告期前一期的期末结存数填写。

② 本期收入项目应根据按照“库存现金日记账”“银行存款日记账”“有价证券明细账”的账面本期借方合计数填列。

③ 本期支出项目应根据按照“库存现金日记账”“银行存款日记账”“有价证券明细账”的账面本期贷方合计数填列。

④ 期末结存项目应根据“库存现金日记账”“银行存款日记账”“有价证券明细账”的账面本期结存数填列。也可以根据“期末结存=上期结存+本期收入—本期支出”公式计算填列。

此外，还可以根据需要，在横向项目中设计“备注”项目，以方便对明细账中某些特殊情况进行说明。

(2) 出纳报表的纵向项目：

① 库存现金项目：如果企业现金是由专人单独保管的，就不必设置分项；如果是由多人分别保管的，如连锁超市有多个门市部均在收取现金，则可以按保管人分项设置。

② 银行存款项目：如果企业有多种货币存款的，先按币种设置分项，再按不同的开户账号进行分项。

③ 有价证券项目：按证券发行单位分项，也可以按到期末数进行分项。

出纳报告格式如图 7-1 所示。

出纳旬报告

单位：福建著成服饰股份有限公司　　2021 年 3 月 20 日　　表 019

项目	库存现金	银行存款				有价证券	备注
		基本存款账户	一般存款账户	专用存款账户	临时存款账户		
上期结存							
本期收入							
本期支出							
本期结存							

图 7-1

【业务 7-1】

福建新闽机械股份有限公司 2021 年 1 月份 1~2 日的“库存现金日记账”如图 7-2 所示；“银行存款日记账-工商银行”如图 7-3 所示；“银行存款日记账-建设银行”如图 7-4 所示，企业没有有价证券等业务，请编制 2021 年 1 月 2 日的出纳日报告。

库存现金日记账

2021年 月	日	凭证编号	摘要	借方金额（十万千百十元角分）	核对	贷方金额（十万千百十元角分）	核对	结存（十万千百十元角分）	核对
			上年结转					390000	√
1	1	付 1	张丰报销差旅费			50000	✓	340000	√
1	1	付 4	退还押金			200000	✓	140000	√
			本日合计			450000			
1	2	付 5	提取现金	300000	✓			440000	√
1	2	收 2	出售废品收入	27000	✓			467000	√
1	2	付 6	刘闽个人借款			150000	✓	317000	√
			本日合计	327000		150000			

图 7-2

银行存款日记账-工商银行

2021年 月	日	凭证编号	摘要	借方金额（百十万千百十元角分）	核对	贷方金额（百十万千百十元角分）	核对	结存（百十万千百十元角分）	核对
			上年结转					89500000	✓
1	1	付 2	支付产品展销费			9800000	✓	79700000	✓
1	1	收 1	产品销售收入	13560000	✓			93260000	✓
1	2	付 5	提取现金			300000	✓	92960000	✓
1	2	收 3	收到前欠货款	20340000	✓			113300000	✓

图 7-3

银行存款日记账-建设银行

2021年 月	日	凭证编号	摘要	借方金额	核对	贷方金额	核对	结存	核对
			上年结转					58000000	✓
1	1	付3	归还长期借款本息			5600000	✓	2000000	✓

图 7-4

业务处理

出纳根据图 7-2~图 7-4 编制 2021 年 1 月 2 日的“出纳日报告”如图 7-5 所示。

出纳日报告

单位：福建新闽机械股份有限公司　　2021 年 1 月 2 日　　表 018

项目	库存现金	银行存款				有价证券	备注
		工商银行	建设银行				
上期结存	1 400.00	932 600.00	20 000.00			0	
本期收入	3 270.00	203 400.00				0	
本期支出	1 500.00	3 000.00				0	
本期结存	3 170.00	1 133 000.00	20 000.00			0	

图 7-5（假设该企业只开设二个银行账号）

图 7-6 为某企业的空白“出纳报告”，由于“出纳报告”属于企业内部报表，每家企业均可根据自身出纳业务的情况以及管理需要设计“出纳报告”格式，因此各企业的“出纳报告”格式不尽相同。

摘要		本日收支额			本月合计	本月预计	备注
		现金	存款	合计			
前日余额							
收入	销售进帐						
	分店汇款						
	票据兑现						
	抵押借款						
	私人借款						
	预收保险费						
	进帐合计						
支出	偿还借款						
	材料购入						
	采购品支付						
	费用支付						
	人事费						
	广告费						
	各项费用						
	支付利息						
	设备						
	其他						
	购固定资产						
	分店小额款项						
	工厂小额款项						
	支出合计						
现金存款							
存款提取							
本日余额							

图 7-6

项目八 出纳工作的交接

学习目标

1. 了解出纳工作交接的原因，熟知出纳工作的交接意义。
2. 熟练掌握出纳交接工作的程序，包括交接准备、交接过程和后续事宜。
3. 重视出纳交接工作中应注意的事项。
4. 通过出纳工作交接，对学生进行法治、诚信等社会主义核心价值观的教育。

《会计基础工作规范》规定：“出纳人员(含临时代理出纳工作的人员)凡因故不能在原出纳岗位工作时，均应向接管人员(含原被代理人员)办理移交手续，没有办理交接手续的，不得调动或者离职。”

一、出纳工作交接的意义

① 做好出纳工作的交接，有利于分清移交人员和接管人员的责任。交接后，移交人也应对自己经办的已移交资料的合法性、真实性承担法律责任。

② 便于接办的出纳人员熟悉出纳工作，确保出纳工作的连续性。

③ 通过出纳工作的交接，发现和处理出纳工作和资金管理工作中存在的问题，进一步完善企业内部有关出纳工作的规章制度，预防经济违规甚至经济犯罪的发生。

二、出纳工作交接的程序

(一) 交接准备

移交前，移交人员应做好下列准备工作：

(1) 已受理的经济业务，尚未填制记账凭证的，应当填制完毕；

（2）尚未登记的账目应当登记完毕并结出余额，在最后一笔余额后加盖出纳人员名章；

（3）整理应该移交的各种资料，对未了事项和遗留问题要写出书面说明材料；

（4）库存现金日记既要与库存现金总账核对一致，其账面余额还要与库存现金的结存数核对一致；银行存款日记账要与银行存款总账核对一致，也要与银行对账单核对一致，若不一致，应找出原因，及时解决，保证银行存款在移交前账实相符。

（5）编制移交清册，将要办理移交的货币资金、有价证券、会计资料及相关物品等内容列清。这些要移交的内容具体有：

① 库存现金，包括现钞、外币、金银珠宝、其他贵重物品等；

② 有价证券，包括国库券、债券、股票等；

③ 支票簿和支票，支票包括空白支票、已用支票(含作废支票)；

④ 发票，包括空白发票、已用发票(含作废发票)；

⑤ 财务印章，包括财务专用章、发票专用章、预留银行的印鉴、现金收讫章、现金付讫章、银行收讫章、银行付讫章等；

⑥ 会计凭证，包括原始凭证和记账凭证；

⑦ 会计账簿，包括现金日记账和银行存款日记账、应收票据备查簿等；

⑧ 其他会计资料和物品，包括银行对账单、应由出纳保管的证件、合同、协议等；

⑨ 会计实行电算化的单位，移交人员还应在移交清册上列明会计软件及其密码、数据盘磁带等内容；

（二）交接过程

出纳人员离职前必须在规定的期限内，将本人经管的出纳工作全部移交给接替人员。接替人员应按照移交清册逐项点收，具体要求是：

① 根据现金日记账余额当面点交库存现金，不得短缺，接替人员发现短缺或有“白条抵库”现象时，移交人员应在规定的期限内负责查清。

移交后，应在库存现金日记账扉页的启用表上填写移交日期，并加盖名章。

② 根据备查账簿的余额当面点收有价证券，若有价证券面额与发行价不一致，要按账面金额交接。

移交后，应在有价证券备查账扉页的启用表上填写移交日期，并加盖名章。

③ 银行存款日记账要与银行对账单核对一致，出纳人员在办理交接前，须向银行申请打印对账单，如果存在未达账项，还需编制银行存款余额调节表，调整相符。

移交后，应在银行存款日记账扉页的启用表上填写移交日期，并加盖名章。

④ 出纳账和其他会计资料必须完整无缺，不得遗漏。如有短缺，须查明原因，并在移交清册上注明由移交人负责。

⑤ 接交人员按移交清册点收应由出纳人员保管的其他财产物资，如财务章、人名章、收款收据、空白支票、科目印章、支票专用章等。

⑥ 实行电算化的单位，交接双方应在电子计算机上对有关数据进行实际操作，确认有关数据无误后，方可交接。

（三）后续事宜

出纳工作交接完毕后，还要继续关注下列事项：

① 交接完毕，交接双方和监交人员要在移交清册上签名盖章，移交清册上应注明单位名称、交接日期、交接双方和监交人的姓名、职务，移交清册页数及需要说明的问题等；

② 移交清册填制一式三份，交接双方各持一份，存档一份。

③ 接交后，接交人员应当继续使用移交前的账簿，不得擅自另立账簿，以保证会计记录前后衔接，内容完整；对于移交过来的银行存折和未使用的支票、发票、收款收据等，应当继续使用。

④ 交接后，接管的出纳人员应及时向开户银行办理更换出纳印鉴手续，检查保险柜的使用是否正常、妥善，现金、有价证券、贵重物品、公章等的保管条件是否齐全，周围环境是否安全，如果不够妥善、不够齐全、不够安全，则应立即采取措施，加以改善。

三、出纳工作交接应注意的事项

① 出纳人员进行出纳工作交接时，一般应由会计主管人员监督交接，必要时，还可以请求上级领导一同监交。

② 监交过程中，如果移交人交代不清，或者接交人故意刁难，监交人员应及时处理裁决。移交人不作交代或交代不清的，不得离职，否则监交人和单位领导人均应负连带责任。

③ 移交时，交接双方人员一定要当面看清、认真点数、逐一核对。

【业务 8-1】

2021 年 1 月 7 日，福建太新实业股份有限公司原出纳人员李敏秀因病请假三个月，公司研究决定由许海平接替李敏秀的出纳工作，请李敏秀做好交接前的准备工作，并于 2021 年 1 月 10 日办理交接，交接监督人为公司会计机构负责人吕家男。

业务处理

①原出纳人员李敏秀按公司的有关规定，在2021年1月10前认真做好交接前的各项准备工作，并编制了“出纳移交清册”，该清册如图8-1所示。

出纳工作移交清册

出纳员李敏秀因病请假三个月，经公司财务部研究决定，由许海平接替李敏秀的出纳工作，并根据《会计基础工作规范》办理交接手续。

一、交接日期

2021年2月18日

二、具体业务的移交

1.库存现金：截止2021年2月18日账面余额3500元，与实存数相符，且日记账与总账相符。

2.国库券：2021年10月30日到期的100万，2022年12月31日到期的200万，核对无误。

3.银行存款：截止2021年2月18日，工行6578 0043 3966 0775账号的账面余额750 000.48元（人民币柒拾伍万元零肆角捌分），且与对账单相符；建行7380 4469 0223 0015账号的账面余额为250 000.00元（人民币贰拾伍万元整），经“银行存款余额调节表”调节后与对账单相符。

三、称交的会计凭证、会计账簿和文件

01.2021年度库存现金日记账、银行存款日记账各一本；

02.2020年度库存现金日记账一本、银行存款日记账二本；

03.空白现金支票18张（00213568至00213585）；

04.空白转账支票10张（00935136至00935145）；

05.空白收款收据1本（20210101至20210100）；

06.转账支票领用登记簿一本；

07.应收票据备查登记簿一本；

08.托收承付、委托收款登记簿一本；

09.贵重物品明细表一份，与实物核对相符；

10.1月、2月的银行对账单各一份；2月份的未达账项说明一份；

11.移交金税卡一张。

四、印鉴

01.福建太新实业股份有限公司法人章一枚；

02.福建太新实业股份有限公司财务专用章一枚；

03.福建太新实业股份有限公司财务科转讫印章一枚；

04.福建太新实业股份有限公司财务科现金收讫印章一枚；

05.福建太新实业股份有限公司财务科现金付讫印章一枚；

06.福建太新实业股份有限公司财务科银行收讫印章一枚；

07.福建太新实业股份有限公司财务科银行付讫印章一枚；

五、出纳办公室保险柜钥匙一套

六、交接前后的责任划分

2021年2月18日前的出纳责任事项由李敏秀负责；2021年2月18日移交后的出纳工作由许海平负责，以上交接事项均经交接双方认定无误。

七、本移交清册一式三份，双方各执一份，存档一份

移交人：李敏秀

接交人：许海平

监交人：吕家男

福建太新实业股份有限公司
财务专用章

图8-1

② 李敏秀于 1 月 10 日当天，按“出纳移交清册”所列项目，备齐应当移交的相关资料和物品，并逐一交给接管人许海平。

接管人许海平逐项清点、并一一核对，确认无误后才接收。其中对公司会计电算化的有关数据，还在计算机上进行实际操作确认。

监交人吕家男认真监督了出纳工作移交的全过程。

③ 出纳工作交接双方移交完毕后，移交人李敏秀、接交人许海平、监交人吕家男均在“出纳移交清册”上签名盖章。

项目九 收银实务

学习目标

1. 了解现代收银业务、收银员的含义。
2. 熟悉 POS 工作系统及收银工作流程。
3. 理解并勇于承担收银工作职责，熟悉并自觉遵守收银员的职业道德。
4. 通过收银业务进行敬业、友善、文明、诚信的社会主义核心价值观教育。

现代收银业务是企业在销售商品或提供服务之后向购买方或服务对象收取货币资金的一种商务活动。现代收银业务通常通过电子收银机进行操作，既收现金也收电子货币。

目前现代收银业务还没有完全的信息化和智能化，还离不开广大的收银员。

广义的收银员，是指各行各业中专职或兼职从事收取货币资金业务的工作人员；狭义的收银员仅指在商场、超市、酒店、宾馆等商业活动场所的收银台上从事收取货币资金业务的工作人员。

一、收银员的职业道德

收银工作，每天都要和大量的货币资金打交道，如果没有良好的职业道德，很难顺利通过“金钱关”。

2020 年 10 月，好邻居连锁便利店女收银员李某某，利用职务便利非法侵占公司业务款 31.7 万余元，北京朝阳法院以职务侵占罪判处李某有期徒刑 5 年 6 个月。

目前，国家还没有就收银员的职业道德规范出台有关文件。但收银工作是企业财务工作的重要组成部分，具有一般会计工作的属性，收银员作为出纳机构的派出人员，可以结合会计人员职业道德的相关内容，根据收银工作的特点，制定收银员的职业道德规范。

会计职业道德规范包括“爱岗敬业、诚实守信、廉洁自律、客观公正、坚持准则、提高技能、参与管理、强化服务”。

收银员的职业道德规范应当包括以下几方面的内容。

（一）爱岗敬业、与人为善

爱岗敬业是收银员职业道德规范的基础，每一位收银员都应当热爱收银工作岗位，敬重收银职业。收银员与广大消费者打交道，消费者形形色色，有老人也有小孩；有文化程度高的也有连普通话都表达不清楚的；大多数消费者身体健康但也会有少数残疾人，所以作为一个收银员必须爱岗敬业、与人为善，只有心中充满爱，才能提供高品质的服务，让广大的消费者满意，让社会温情永在，春意长存。

（二）廉洁自律、见财不贪

廉洁自律是收银员职业道德规范的重心与核心，是广大收银员的立业根本。收银工作的对象是金光闪闪的货币资金，见财不贪是收银员必须坚守的职业底线，保护所经手货币资金的安全与完整，是每一位收银员的神圣职责。

每一位收银员都必须明白：廉洁自律、见财不贪不但是收银员的职业道德规范，也是国家的法律红线。

（三）提高技能、强化服务

现代收银是一项专业性和技术性很强的工作，涉及货款结算，计算器、计算机及收银机的操作，发票的开具与管理，现金及转账结算凭证的管理等。广大的收银员只有不断提高专业技能、优化与顾客沟通的技巧和方法，强化服务意识，才能保持专业胜任能力，为广大消费者提供热情周到的服务。

每一位收银员都必须明白：提能技能、强化服务是收银员的义务。

二、收银员的工作职责

（一）做好营业前的各项准备工作

① 按规定穿好工作服，保持良好的仪表仪容，精神饱满地投入工作；

② 检查营业时应使用的计算器、验钞机、收银机等设备，确保能正常使用；

③ 预备好零钞，方便找数；

④ 准备好各项打印用的空白收款单据、空白发票等。

（二）营业中应认真完成的各项工作

① 对顾客要使用礼貌用语，服务热情周到；

② 正确办理现金、支票、银行信用卡、购物券等各项资金及有价证券的收款业务，掌握各种防伪技能，避免收到假币、假票据、假信用卡等；

③ 熟练操作电子收银设备，快速准确结算账款；

④ 按要求规范开具发票，妥善保管现金及转账结算凭证；

⑤ 按程序规定处理退货、换货；

⑥ 熟悉突发事件的处理程序，会使用119、110、120等应急处理电话。

（三）营业结束时及结束后应认真完成的各项工作

① 每天下班之前，将收取的货币资金及转账结算凭证交专职出纳人员，结清当日账务；

② 每天下班之前，收好空白凭单及收银用品，关闭电子收银设备，切断电源。

③ 妥善保管收款凭证及各种表单，定期装订上缴；

④ 及时收集并向相关部门反映顾客的意见、建议；

⑤ 遵守企业财经纪律，严守企业经营秘密。

三、POS工作系统

POS工作系统是销售点的实时处理信息系统，它是以后台计算机、商品编码为基础，以电子收银机和条形码扫描器为前台工具，配合其他电子设备构成的一个系统。

POS工作系统对全部的商品交易信息进行实时收集、加工处理、实时反馈，促进了收银工作的自动化、信息化，有利于企业营销管理的现代化。

POS工作系统主要构件有电子收银机、收款软件、条码扫描器、消磁系统、后台计算机。

（一）电子收银机

电子收银机的主要部件包括：主板（中央数据处理部件）、存储器（存储信息、数据、程序）、键盘、内置打印机、显示屏（方便收银员及顾客进行人机对话）、钱箱（存放收到的现金）、外部设备接口。

电子收银机的外部设备有外置打印机、条形码扫描器（也称条码阅读器）、磁卡读写器（一种磁记录的信号读入或写入装置）、电子秤、调制解调器、后备电源、通信联网接口（主要有收银机之间通信的接口以及收银机与电脑连接的485接口卡）。

有关电子收银机的样式如图9-1所示。

（二）条码扫描器

1. 商品编码与商品条码

商品编码是指用一组阿拉伯数字标识商品的过程，是商品信息的数字化，这组数字也称为代码。商品编码具有唯一性，同一种商品在不同的商店会有不同的编码，但在同一商店一种商品只能有一个编码。

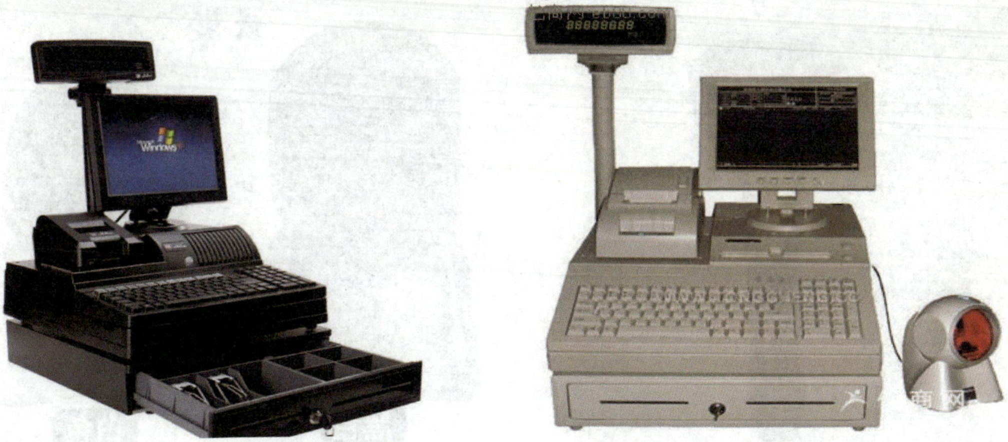

图 9-1

商品条形码简称条码，是将宽度不等的多个黑条和空白，按照一定的编码规则排列，用以表达一组信息的图形标识符，具体样式如图 9-2 所示。

条码隐含着商品的名称、生产日期、产地、厂家、价格、类别等诸多信息。

目前，我国使用的条形码一般是 EAV 条形码。EAV 条形码也称通用商品条形码，由国际物品编码协会制定，是国际上使用最广泛的一种商品条形码。

EAV 条形码又分为 EAV-13 码(标准版)和 EAV-8 码(缩短版)两种。

EAN-13

6 901234 567892

EAN-8

6901 2341

图 9-2

2. 条码扫描器

条码扫描器又称为条码阅读器，是 POS 系统中非常重要的光电识读设备。它利用光学原理，读取条码所包含信息、实时解码并传输到计算机，计算机对数据进行处理后，通过电子收银机，便可打印出条码所对应商品的名称、单价、成交数量、成交金额等信息。

条码扫描器通常采用光笔、CCD、激光、影像型红光等四种技术，图9-3 中呈现的 CCD 扫描器是当前仓储式超市中广泛使用的条码扫描器。图 9-4 中呈现的影像型红光条码阅读器具有优秀的读码性能，超强的解码能力，必将成为条码扫描器市场的新宠。

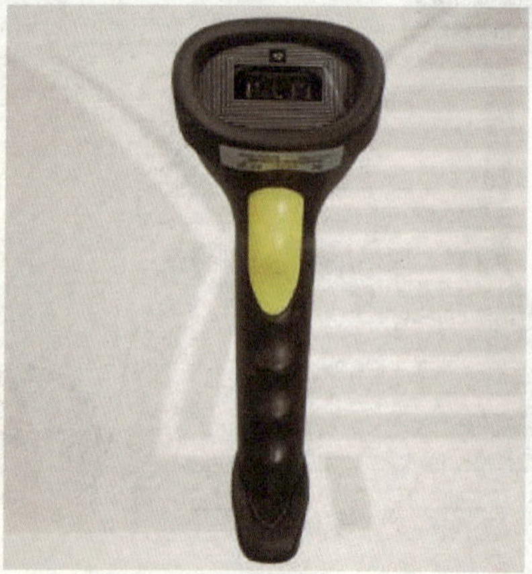

图 9-3

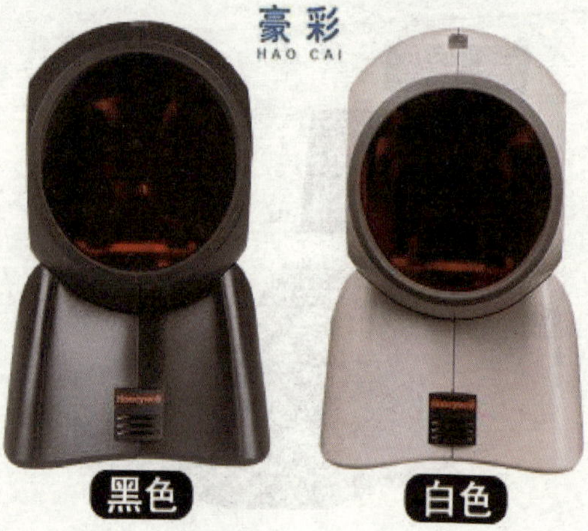

图 9-4

(三) 消磁系统

顾客在商超里挑选了商品，到收银台付款后，收银员就会对带"软标"和"硬标"的商品进行消磁。"软标"商品在收银台的消磁器上进行消磁；"硬标"商品则会使用一种专门的工具将商品与"硬标"分开。

商超在门口设置"防损门"，也称报警装置，里面安装了磁性感应器，如果商品没有消磁，通过"防损门"则会报警。

图 9-5

图 9-5 为带有"硬标"的衣服。如果硬标没有从该衣服上拆开，则该"硬标"衣服通过"防损门"时，"防损门"会发出警报声。

(四) 后台计算机

后台计算机是前台收银机的控制中心，也是一庞大的商品信息库。

每一种商品第一次进入商超时，都要按规定的格式将商品的基本信息输入商超的后台计算机，只有这样，收银系统才能正常开展工作。

当条码扫描器扫描了商品的条码或商品编码后，收银机就可以实时在后台计算机中找到该商品的相关档案资料，实时计算应收款项并打印出结算清单。

四、收银工作流程

收银员通过收银系统进行收银工作时应遵循一定的工作流程。收银工作流程按工作时段可以分成收银准备流程、营业中的收银工作流程、营业结束时及结束后的工作流程。

（一）收银准备流程

① 向有关职能部门领取即将操作的收银机机号，打开收银机，检查收银机、消磁板、扫描器、打印机以及其他设备是否正常，如有异常应按规定程序及时处理，确保正常开业。

② 清洁、整理收银作业区，补充必备的物品。

③ 到出纳办公室领取备用金，将备用金放入收银机内。

（二）营业中的收银工作流程

① 打开收银机，输入自己的上岗密码；

② 扫描商品；

③ 对商品进行消磁；

④ 查收应收顾客的金额；

⑤ 商品打包。

（三）营业结束时及结束后的工作流程

① 服务完营业结束前的最后一位顾客，放置“暂停服务”的告示，向附近顾客说：“对不起，这个收银机暂停服务，请到其他收银机进行结算”。

② 退出收银机收款系统。

③ 整理电脑小票以及各种有效价券。

④ 点出备用金后，算出营业总额。

⑤ 将当班营业款上交总收款室。

⑥ 整理收银工作区，关闭收银机电源并盖上防尘罩。

【业务 9-1】

大家都有超市购物的经历，请大家回想一下在超市选购好商品，到收银台付款时，如果是使用现金付款，收银员是如何完成收银工作的？

业务处理

顾客使用现金付款时，收银员的收银工作会按下列步骤依次进行：

① 询问顾客是否有会员卡，查询并告知持卡顾客的会员卡信息，将会员卡归还给顾客。

② 询问顾客是否要塑料袋。

③ 一边扫描商品的条形码，一边看着电子屏幕，确认信息扫描

无误。

④ 将扫描后的商品装入塑料袋，告知顾客一共消费了多少钱。

⑤ 接过顾客递过来的钱币，检查是否为真钱。

⑥ 确认后打印小票，并将小票和找零一并递给顾客。

⑦ 将商品交给顾客。

⑧ 对正在离开收银区的顾客说一句："欢迎下次光临"。

【业务 9-2】

大家都有超市购物的经历，请大家回想一下在超市选购好商品，到收银台付款时，如果是使用银行卡付款，收银员是如何完成收银工作的？

业务处理

和现金付款共同步骤就不在这里重复描述。顾客使用信用卡付款时，有一些步骤和现金付款是一样的，和现金付款不一样的步骤主要有：

① 收银员检查顾客递上的银行卡，分清银行卡的种类和性质，选择采用收款形式。

② 收银员进行刷卡。

③ 收银员输入顾客的消费金额。

④ 收银员请顾客输入密码。

⑤ 收银员请顾客签字并提醒顾客核对签购单上的金额与实际消费情况是否一致。

⑥ 收银员将签购单的顾客联交还顾客。

⑦ 收银员打开钱箱，将签购单的商场联及银行联放入钱箱中。

附录 真假人民币的识别方法

收银员在日常的收银工作中会收付大量的现金，熟练掌握识别真假人民币的方法，既可以防止收到假币，又可以提高收银的工作效率。

对真假人民币的识别可以采用以下方法：

1. 观察印刷特征

人民币是采用手工雕刻方法制版，以凸版和凹版印刷，具有版文深、油层厚、字迹粗、头像逼真等特点。将大拇指放在百元真币的毛主席衣领处，会有明显的凹凸感，如图 10-1 所示；而机制假钞大多用平版印刷，手感光滑，无凹凸感或凹凸感不明显。

图 10-1

2. 观察颜色特征

人民币采用特殊的油墨进行印制，颜色鲜亮，纹路浅晰，光变油墨面额数字，其颜色会随着视角的变化而变化，如图 10-2 所示。而假钞则颜色灰暗不均匀，图票模糊，变色无规律或无变色效果。

3. 观察纸质特征

人民币用纸选用优质棉短绒加木浆，具有纤维长、强度高、耐用等特点，而

图 10-2

且挺括、耐磨，手感厚实、不易折断，而假钞则采用普通纸印刷，纸质较软、较脆，没有韧性。

4. 观察对折图案

真币，无论是纵向对折还是横向对折，均可拼出一个完整的图案。百元人民币纵向对折的话，在面额 100 的底下，在国徽的上面会对接出一个完整的椭圆，如图 10-3 所示。如果是假币，两个半椭圆不能完全对接，无法拼出一个完整的椭圆。

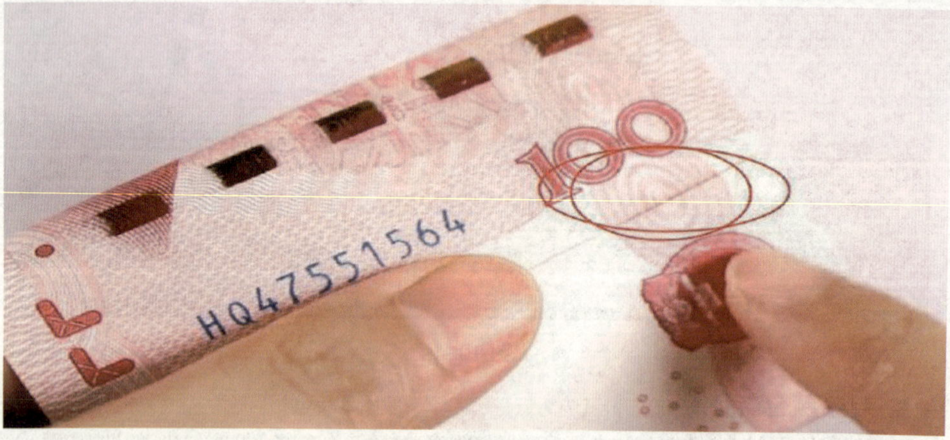

图 10-3

百元人民币如果横向对折，可以将小鸟的图形完全拼合出来，如图 10-4 所示。如果是假的百元人民币，这个小鸟的图形是拼不出来的，就算拼出来了也非常地不像。

图 10-4

如果普通人怀疑手中持有的人民币为假钞，应当送到银行进行鉴定。鉴定结果为假钞的则由银行没收。明知假钞而继续使用属于违法行为，会受到法律的惩罚。